"No es secreto que lo mejor de un secreto es decirle secretamente a alguien de tu secreto. Así agregas otro secreto a su secreta colección de secretos, secretamente".

Bob esponja

Queda estrictamente permitida la reproducción total o parcial de este texto por cualquier medio, sin necesidad de obtener permiso previo, siempre y cuando se haga referencia de la fuente y sea utilizado sin fines de lucro.

© Gabriel Gascon
ISBN: 9798837485190
Sello: Independently published
Año 2022.
Valparaíso, Chile.

GABRIEL GASCON

REBALLUTION

ESCRITO POR
JOAQUÍN ZIM GUZMÁN

A Javi Martínez, por su eterno apoyo y compañía en cada una de mis locuras.

A mi familia y amigos por ser siempre mis primeros espectadores y por aguantarme por tantos años.

A Miguel Ángel Gea por prologar tan sinceramente este escrito y ser de esos maestros que con su trabajo siempre te invitan a ir por más.

A Gabriela González por su increíble ojo capturador que logró poner en imágenes algo tan complejo como la sensación que genera una técnica de magia.

A Constanza Véliz por hacer que un montón de hojas escritas se hayan transformado mágicamente en un libro de verdad.

A Juan Esteban Varela por ser mi maestro, consejero y sobre todo un gran amigo.

Y por ultimo a la persona que hizo algo realmente imposible, tomar las locas ideas de la cabeza de un mago, entenderlas, procesarlas, darles estructura y finalmente, escribir todo este libro, a Joaquín Zim Guzmán por su increíble trabajo de escritor.

Muchas gracias a todos por ser de una u otra forma parte fundamental de este libro, que sin ustedes nada de esto sería posible.

Prólogo

Una llamada por un medio poco convencional suena a pequeña aventura, o así me lo quiero imaginar. Cuando ves que el interlocutor es Juan Esteban Varela, la aventura se confirma. Éstas aventuras no tienen que ser peligrosas o arriesgadas, pueden ser solo tomar un café, pero lo que sí proporcionan son diferentes emociones. Esa en la que me embarcó es la que nos está envolviendo, querido lector, prologar este esponjoso libro.

Gabriel Gascon viene a mi recuerdo entre medias de un grupo de magos en su país natal. Su figura y su mirada esquiva se vuelve memorable, algo que se reafirma con su magia, que destila diferencia y personalidad. Al proponerme Juan que prologase el libro, después de los halagos necesarios para reblandecer mi corazoncito, pude acceder al libro para poder escribir este texto. Ya con la lectura hecha, inicio este texto para conseguir seducirte, pero no con mi texto sino con el propio libro que has adquirido.

Por mi forma de ser y por como entiendo el arte, siempre respeto a los magos que intentan hacer algo diferente. Esto no significa que la falta de calidad se pueda justificar con la originalidad, sin ser este el caso. Sin embargo, creo que es un valor adentrarse en el oscuro espacio del intento de crear. El vacío que se siente y el arraigo por alcanzar la calidad desde una propuesta sin base previa, son un valor a ensalzar y esto, lo encontramos en este texto.

Cuando un mago, como es el caso, intenta desarrollar elementos en magia, donde parece que ya no hay más ideas, tiene una connotación de romanticismo. Pero al encontrar nuevas propuestas, este idealismo se transforma en materia viva de magia. Gabriel, en ese intento de encontrar nuevas ideas, presentaciones, trampas, efectos y estructuras, lo que está haciendo es definir su propia mirada en la magia. Él se detiene en unos puntos que otros magos o no vieron o les resbaló por sus ojos sin detenerse. Cuando Gascon se para en ellos, toma la idea, le da forma y la expone, se está conformando como mago y artista. Después de todo este trabajo ha hecho el esfuerzo de llevarlo al soporte de un libro, para que podamos meternos en su cerebro y misterioso interior.

Creo que los libros de autor son tan atrayentes como desconcertantes. Por un lado atraen porque nos muestran esa mirada personal, pero este mismo acto de viajar al interior de otra persona es algo intrusivo. Hacer la magia tal cual nos viene de este u otros autores sería ir en contra de la propia filosofía de este libro. Claro que podemos hacer su magia tal como la hemos leído, pero nos perderemos vivir la aventura que el texto propone, que es encontrarse a sí mismo a través de pequeños riesgos al pensar ideas diferentes. Él ha hecho un magnífico trabajo, lo podemos tomar como base para nuestras propias propuestas, pero antes leámoslo con detenimiento, ya crearemos nuestro mundo poco a poco.

El libro tiene varias partes, aumentando el nivel de originalidad y dificultad. Esto es muy interesante para poder hacer una progresión pudiendo, incluso, no tener ningún conocimiento de esponjas y poder empezar con este libro. De hecho, con los primeros juegos plantea ciertas bases de la magia con esponjas y esto se va adquiriendo, sin percibirlo, solo con su ensayo y estudio.

Va desarrollando el elemento, las esponjas, mostrando diferentes posibilidades técnicas. Esto me recuerda a aquel artículo del gran Javier Piñeiro donde comentaba que en el estudio de un elemento hay que conocer bien su naturaleza para poder encontrar charlas, técnicas y conceptos que peguen orgánicamente a él. Esto lo podemos ver en este libro que va caminando, muy de cerca, con la naturaleza propia de las bolas de esponja.

A nivel técnico, a veces, hay que atreverse a bucear por lugares desconocidos. Cuando plantea que va a usar Black art y de primeras no se te ocurre cómo, ahí le sucede algo hermoso al lector. Me encanta el momento que me abren la mente, me amplían la realidad y aumentan mi mundo. Al leer que iba a usar Black art con esponjas me quedé algo bloqueado, entonces sigo leyendo, veo alguna idea previa a él y cómo la estudia. Después continúa con propuestas personales y donde yo no veía nada y sólo había oscuridad, empiezan a surgir pequeñas lucecitas que iluminan el entorno. Y eso, me parece una delicia intelectual.

Pero además no se regodea en su individualismo, sino que muestra no solo sus influencias, sino cómo ha compartido con amigos suyos con las mismas inquietudes. Encontrar la calidad en una sola persona es complejo, de hecho, la historia nos demuestra que siempre hay antecedentes. Estas ideas previas pueden venir de un mago o no mago de hace cien años o de alguien contemporáneo. No merma la calidad ni el talento tener elementos previos en los que apoyarse. La calidad viene de tu mirada y eso es único. La sinceridad contigo y tu entorno, para mí, aumenta el valor de la obra. Porque otros magos, con la misma idea no llegaron donde tu llegaste y esto, te da mucho valor. Gabriel lo demuestra página a página y todo su trabajo traspira su entorno y referencias.

En la lectura del texto he vivido sus deseos de magia, de avanzar y su ímpetu por la calidad. Quizá me siento atraído por el texto porque es una investigación creativa y este tipo de trabajo da mucho a la magia. Gabriel se ha adentrado en un campo limitado, las esponjas y sus posibilidades técnicas, estructurales y formales. En el fondo, es más amplio de lo que parece y esto nos lo deja ver muy bien nuestro protagonista. Defiendo estos estudios creativos, pero hay que saber que hay varios niveles de interés. Nos podemos encontrar juegos que sean excelentes y perfectos para cualquier repertorio. Pero otros pueden ser muy personales del autor y si queremos hacerlos, estamos obligados a adaptarlos a nosotros mismos. Los habrá que sean interesantes, divertidos, amables, pero no cuadran con nuestro estilo. Incluso podemos encontrarnos propuestas que no estén tan perfectas como otras, pero que merecerá la pena terminarlas a nuestro gusto. Este libro guarda un gran equilibrio, pero en todos los estudios creativos siempre hay un poco de cada nivel.

Espero haber creado un poco más el deseo de seguir leyendo. Lo bueno es que este texto se defiende a si mismo y sé, que en esta contienda, todo el mundo saldrá ganando. Solo me quedan dos cartas en la manga para mi cometido: Cuando lees algo de magia que no haces y sabes que no vas a hacer, pero sigues leyendo feliz, sabes que en ese texto hay algo. Este libro tiene valor para mí porque nunca he hecho esponjas más allá de lo clásico, y me lo he leído con placer. La segunda, y con esta mi manga se queda vacía de recursos, creo que merece la pena el texto porque cuando veo a un mago hacer algo muy bueno y siento que no podré superarlo, se me quitan las ganas de hacerlo yo. En mi mesa de trabajo no había esponjas, y a partir de ahora, mucho menos.

Sed felices con la magia de Gabriel, con sus esferas esponjosas y su inquieto interior.

Miguel Ángel Gea

Prólogo del escritor

Mi primer acercamiento a la magia más allá de lo típico que nos podemos encontrar en la cultura popular, es con Gabriel. Antes de escribir este libro solo conocía lo que todos conocen: Un par de trucos de un par de magos que salieron mal, uno que otro mago internacional que triunfó fuertemente y se terminaron convirtiendo en estrellas de rock postmodernos, uno que otro exponente nacional que mezcla la magia y el humor y no mucho más. Y con esto espero representar a un pequeño porcentaje que lee este libro que al igual que yo sabía poco de magia y también intento apelar a los magos que ya llevan años en esto para que recuerden cuando no sabían de esta disciplina como hoy saben.

Saliendo del momento más complejo de mi vida recibo una llamada: ¡Hola, soy Gabriel y soy mago! Estuve a segundos de cortarle. ¿Quién no? Menos mal no lo hice. La llamada prosiguió, nos juntamos, nos caímos bien, me interesó el proyecto y empezamos a escribir este libro. Ahí empieza la magia.

Jamás olvidaré cuando entendí en qué me estaba metiendo: Era una cálida noche veraniega en Valparaíso y Gabriel me invitaba a ver mi primer show de magia en salón de un gran exponente de esta disciplina: Miguel Ángel Gea, que curiosamente es la otra persona que hace el prólogo de este libro. Esa tarde, previo al show, estábamos fuera del local conversando con otros dos magos. Era un callejón húmedo, pequeño, colorido y gris al mismo tiempo. Agridulce. Conversaciones cotidianas que para mí no lo eran tanto. La magia se respiraba en el ambiente pero todo de una forma tan precaria, tan 'underground', tan escondida, que no se podía creer. Estaba apunto de entrar a un show de calidad mundial, junto a personas increíblemente talentosas, en un espacio tímido, pequeño y casi invisible para el resto del mundo. Para mí en ese momento se respiraba y vivía magia. Y no juegos ni trucos, magia real. La magia de compartir conocimientos y expectación.

Entramos al show y me maravillé como pocas veces lo había hecho. Entendí que este arte de la magia cambiaba vidas y que estaba embarcándome en algo increíble. Y también intuí que debido a lo que probablemente tendría un despliegue técnico específico y complejo, me estaba embarcando en un viaje increíblemente difícil.

Posteriormente y luego de solo dos semanas trabajando juntos en donde yo recién estaba aprendiendo del mundo de la magia, llegó la pandemia y la vida de todos cambió. A todos se nos quemó el rancho y el mundo empezó levemente a colapsar junto con los planes de todos, entre esos, el escribir este libro. Con Gabriel nos despedimos ese día de marzo en que empezaba el Estado de Emergencia Nacional entre promesas de seguir trabajando pese a la adversidad, sin saber que no nos veríamos de nuevo hasta noviembre. Pero, pese a las dificultades, el contacto y cariño siguió. Vivimos ambos momentos difíciles que nos comentábamos a la distancia sabiendo que el poco tiempo que pasamos juntos era suficiente para saber que queríamos escribir el libro juntos. Que yo ya estaba dentro del proyecto y eso se mantendría así pese a todas las complicaciones.

Luego, otra llamada que volvería a hacer funcionar este libro, Gabriel me tenía una propuesta, reitero lo anteriormente dicho, solo habiéndonos visto dos veces, habiéndonos conocido dos semanas y contactándonos por videollamada durante diez meses: ¡Ven a Valparaíso a vivir conmigo! Vivamos juntos y escribamos el libro, fue su propuesta.

Y así fue como volvimos a hacer funcionar el proyecto de hacer este libro casi un año después: Un mago loco que quiere plasmar su magia y un escritor tostado que deja su vida en una ciudad para un proyecto que le motiva, yéndose a vivir con alguien que ha visto dos veces. Nada podía salir mal. ¿No?

El proceso de escribir el libro de ahí en más fue increíble. En Gabriel encontré un amigo, un hermano, un colega y un empleador ejemplar. Trabajamos juntos en varios proyectos, desde lo más básico de construir gimmicks de esponja, hasta lo más elaborado, de ayudarlo en sus guiones de grandes proyectos. Así fue como pude interiorizarme lo suficiente para poder afrontar ese desafío de pasar de no saber nada de magia a escribir un libro de 200 páginas en donde tengo que hablar como un experto y enseñar de un tema tan complejo como es desaparecer, multiplicar y duplicar bolas de esponjas.

El resultado es este: Uno de mis trabajos literarios que más me provoca orgullo. Un libro con muchísimos juegos, mucha técnica, mucha magia pero más allá de eso, mucha filosofía y muchas experiencias de vida que muestran de forma hermosa todo un proceso y toda una realización que se ha trabajado durante toda una vida y que tuve el honor, desafío y placer de poner en el papel.

¿Por qué les cuento esto? Por que al igual que yo en algún momento no sabía nada de magia, al igual que mi vida cambió, quiero recomendarles fuertemente que le presten atención, tiempo y ganas a este libro. ¿Por qué? Por que si a una persona como yo, escritor, solitario y complejo, las bolas de esponja le cambiaron la vida (fuera de todo lo abstracto que puede sonar eso) a ustedes también podrían. Si les gusta la magia y están empezando, si son magos de hace años y quieren indagar en un nuevo elemento, si son amigos de Gabriel leyendo esto, si son curiosos que por alguna razón de la vida terminaron con este libro entre sus manos. Si encontraste este libro en la sala de espera de un psicólogo o en una librería antigua, si eres un viajero del tiempo y estás viendo esto el 2121 y lees un libro de magia de hace cien años o lo conseguiste en el lanzamiento, si eres un médico interesado por la magia o un joven que empieza su educación. Si estás aprendiendo a leer o si este es de los últimos libros que crees que leerás en tu vida. Seas niño, joven o viejo. Seas quien seas, a todos, espero de todo corazón que lo lean con cuidado y cariño, porque sé de primera fuente, al haberlo escrito, que este libro te puede cambiar la vida o, al menos, abrirte la mente de una esponjosa y novedosa forma.

Gabriel es de las personas más curiosas, trabajadoras, geniales y, por sobre todo, nobles que he conocido. Una persona que valora infinitamente el trabajo de sus cercanos. Que, pese a su fría forma de ser, quiere y aprecia. Y todo eso está plasmado en este libro. Uno de los principales retos de todo este proceso fue lograr llevar al papel tanto la técnica y teoría como los conceptos y sentimientos que envuelven las esponjas y, con orgullo como profesional y ego de escritor, digo que se plasma cien por ciento. Este libro no sería lo que es si Gabriel no fuera la increíble persona que es. Y mi vida no sería lo que es, de no ser por este libro.

Zim

Índice

Prólogo	8
Prólogo del escritor	12
Introducción	18
Contexto	20
Capitulo 1 La bola de esponja	25
Capitulo 2 Atención, percepción y memoria	33
Bolas viajeras	36
Rutinas bolas viajeras con dos colores	42
Bolas viajeras con bola extra	44
Atención, percepción y memoria	51
Capitulo 3 Siempre (es) 3	67
Siempre tres clásico de dos a tres bolas	70
Siempre tres clásico de uno a tres bolas	71
El semáforo	76
El semáforo (con gimmick)	78
Siempre (es) 3	82
Déjà blue	84

Capitulo 4
Bola triple — 91
   Bola roja, azul y verde — 97
   Daltonismo — 99
   Triple cambio doble bola — 101
   Pintaje doble revisado por el espectador — 104
   Pintaje progresivo — 107

Capitulo 5
Bola negra — 111
   1-3+2=0 con bola negra — 118

Capitulo 6
Rutinas — 127
   Bola tazón — 130
   Colores descompuestos — 136
   Bola grande a pequeña — 137
   Viaje esponja a vaso — 140

Capitulo 7
Muestra y manejo de técnicas — 143
   Empalme de dedos — 145
   Pintaje estático — 146
   Pintaje bolas chinas — 148
   Falso depósito de túnel — 152
   GRP — 154

Producción infinita — 157
Back and front de esponjas — 161
Pintaje Gascon — 164
Muestras — 166
Muestra de bola gimmick en el aire — 168
Transferencia de una mano a otra — 169
Giros en mesa — 170
Giro doble en mesa — 172
Posicionamiento en mesa — 174
Muestra en mano del mago — 177
Revisión en la mano del espectador — 179

Epílogo — 183
Colofón — 187

Introducción

¿Qué es una bola de esponja? ¿Qué es la magia con esponjas? ¿Cómo un tipo de magia tan utilizada ha tenido tan poco avance a lo largo años? ¿Cuál es el público de la magia con esponjas? ¿Hay un siguiente nivel o ha tocado techo? ¿Puede algún día estar al nivel de la cartomagia o la numismagia?

Estas y más preguntas me he hecho a lo largo de mi vida en la magia y, ciertamente, no se pueden responder en pocas palabras, ya que las soluciones que parecen simples, gozan de una complejidad implacable.

Lo que sí puedo responder es que la magia con esponjas, al ser realizada con un elemento relativamente nuevo, a diferencia de otros elementos como las monedas o cartas que tienen un registro mucho más antiguo en la historia del ser humano, está en un terreno muy llano y al que le queda mucho trabajo por delante, en donde hay mucho por hacer y descubrir.

Es en ello mi especial interés en este lúdico elemento ya que mi búsqueda parte justamente en darme cuenta que hay mucho que hacer todavía. Mucho que aportar, mucho que descubrir. No es fácil lanzarse al vacío a experimentar, pero al hacerlo me abrí a un mundo distinto y colorido, del cual humildemente el día de hoy les presento mi pequeño aporte, mi singular granito de arena en este desierto florido que llamamos magia. Mi pequeño paso para empezar a incluir un elemento comúnmente utilizado, pero poco explotado.

    Por otro lado creo necesario destacar que toda la práctica de la magia es en sí misma tan maravillosa, que los magos estamos en deuda con la misma magia. Nuestra querida disciplina constantemente nos está entregando y nosotros tan pocas veces le retribuimos ese esfuerzo. Por eso, este trabajo de laboratorio, de estudio, de ensayo y error, de vivir y sentir el elemento, nace como retribución por todo lo que me ha entregado. Todas esas horas, esos trasnoches, esas ideas, todo ese esfuerzo es mi ofrenda, mi equilibrio de balanza que quiero entregarle a este arte, que al ser tan efectista, nos entrega tantas alegrías y quizás debería darnos más dolores de cabeza.

    Esta es mi invitación a todos los que aman la magia, sea con esponjas o la magia en general, a sumergirnos en estos dolores de cabeza y juntos llevar a la magia con esponjas al lugar donde siempre debería haber estado. Salten conmigo a este esponjoso mundo al cual he dedicado parte de mi vida y el día de hoy se los comparto con mucho cariño.

    Sean bienvenidos a Reballution.

Contexto

Para partir, una anécdota. Todo se remonta a mi juventud en donde empecé a interesarme por la magia, como les debe haber pasado a muchos de ustedes. De a poco empecé comprándome las primeras barajas, bolas de esponja, estudiando los primeros libros de magia y tiernamente, como todo pequeño que sueña con ser un gran mago estilo Houdini o Copperfield, armándome mi primer maletín de magia.

Al llegar el caluroso verano de aquel año, mi familia se iba de vacaciones a la playa. Entre lo movido de cargar el auto, subir mis cosas y hacer mi pequeña maleta, la partida fue muy rápida y al llegar al lugar de vacaciones terrible y perpleja fue mi expresión al darme cuenta que no había metido al auto mi maletín de magia.

Así pasaron mis primeros dos días de vacaciones, sin ningún artículo para desarrollar mi nueva y potente pasión, grises días alejado del mundo mágico que quería construir. Al tercer día todo cambió y mi mundo gris se transformó nuevamente en un rojo mundo de magia al encontrar en un pantalón un artículo olvidado, el único artículo de magia que había llevado sin conocimiento, una flamante bola de esponja roja Goshman de 1.5 pulgadas. Fue así como por estos giros del destino, que el día de hoy agradezco, fui forzado a pasar un verano entero sin mis artículos de magia y solo con esta esponja.

Como se imaginarán, tuve mucho tiempo libre para jugar con esta esponja y es ahí donde empiezo a cuestionarme la naturaleza de este elemento, su forma, material, compresibilidad, características y posibilidades. Analizar cada uno de sus detalles.

Empecé a crear nuevas técnicas y juegos pensando que al volver a mi casa y retomar mis libros de magia las encontraría ahí. Estarían escritas y explicadas de mejor forma por los profesionales.

Grande fue mi impresión al descubrir que no estaban. Estos juegos no existían. El tema iba mucho más allá al darme cuenta que habían muy pocas cosas publicadas sobre bolas de esponja en comparación a lo mucho que hay publicado sobre todas las otras áreas de la magia.

Por esta pésima situación, en la que pensé que estaría un verano entero practicando magia y encontrándome solo con esa bola de esponja y con la pasión y motivación de un niño que está recién aprendiendo, empiezo a crear cosas nuevas. Me doy cuenta que se podía hacer mucho y emprendo este camino en la magia con esponjas. Desde la adversidad descubro que mucho se puede crear. Hoy reflexiono, quizás la magia siempre nazca desde ahí, quizás lo novedoso siempre aparezca desde lo gris de la complicación. ¿Quién iba pensar que aquel verano marcado en su principio por un error, iba a ser el inicio de un camino, de una vida en la magia con esponjas?

Sobre la magia con esponjas recuerdo mucho una anécdota. Un día estaba, como tantos otros, buscando información sobre esto por YouTube y luego de mucho ver vídeos, me di cuenta que la mayoría de las rutinas tenían demasiadas similitudes y lugares comunes, por lo que finalmente llegué a la conclusión de que debía buscar en las fuentes originales, los libros, lo más antiguo sobre los registros de la magia.

Por lo mismo le pregunté a un amigo si tenía información de libros sobre magia con esponjas ya que había encontrado poca información en internet y la que había era muy poco satisfactoria.

Mi amigo me comentó que también había buscado mucha información sobre magia con esponjas, con la misma duda le preguntó a un conocido y experimentado mago sobre si tenía esta información, a lo que él le respondió que NO hay mucho más de lo que ya se ve, por que él creía que en la magia con esponjas ya estaba todo inventado. Que no había más. Que se había tocado techo.

Esta anécdota que me contaba mi amigo fue un pequeño balde de agua fría en mi trayecto que estaba recorriendo siendo solo un niño, en donde solo quería indagar e inmiscuirme descubriendo un mundo entero. Esto supuso un duro golpe para mí que lógicamente despertó muchas preguntas internas, empezando por lo obvio: si ya todo está creado, entonces ¿la magia con esponjas tiene un límite? ¿Entonces la magia misma tiene un límite y por ende el arte tiene un límite? Rápidamente mi respuesta fue NO. Si la magia con esponjas es una rama de la magia como disciplina y la magia es un arte y el arte no tiene límites, entonces la magia con esponjas tampoco debería tenerlo; y finalmente, lejos de empequeñecerme y hacerme retroceder, la anécdota terminó por engrandecer mis ganas de seguir rompiendo y empujando este tipo de magia para adelante.

Mucho tiempo después de este acontecimiento, ingresé a la carrera de Diseño Industrial en la Pontificia Universidad Católica de Valparaíso, en esta Escuela de Arquitectura y Diseño me encontré con una visión más poética de los oficios ligados al planteamiento de la escuela, que tiene como texto base de su filosofía el libro 'Amereida' que es un poema épico sobre el descubrimiento de América. Como Eneida es para Europa, Amereida es para América.

En este libro escrito en prosa, para resumirlo en pocas palabras, se plantea que nuestra América no está descubierta, ya que el concepto América es un concepto impuesto por los conquistadores europeos y no contempla el 'ser americano' y es por ello que es trabajo nuestro, del americano, redescubrir la naturaleza de nuestra propia existencia en América sin ser impuesta por nadie.

Es en aquel libro es donde aparece un concepto muy utilizado en la Escuela de Arquitectura y Diseño que es el 'volver a no saber', que plantea que para mirar el mundo desde otra perspectiva y redescubrirlo es necesario olvidar lo aprendido para mirar y analizar como si fuera la primera vez.

Cuando este concepto llega a mí y logro internalizar la complejidad de su significado, me doy cuenta que lo que estaba haciendo aquel verano años atrás, era efectivamente el "volver a no saber" y analizar la bola de esponja como un elemento nuevo y desconocido, tomando en cuenta que el ejercicio era bastante simple en esos años ya que era poco lo que tenía que olvidar, pero aquella situación de enfrentarme a este elemento sin conocerlo, me hizo abrir nuevos caminos y nuevas búsquedas que quizás no hubiesen sido posibles si yo hubiese tenido mi cabeza llena de información previa.

Una buena analogía a esto está ligada a la inocencia de los niños. Ellos parten de la base del 'no saber' y al vivir y desarrollarse en un mundo tan grande, empiezan descubriendo todos los nuevos elementos a su alrededor, hacen sus propias interpretaciones desde cero, y desde ahí creo es importante el "volver a no saber", el ser niños, el redescubrir los distintos elementos como si fuera la primera vez que nos enfrentamos a ellos, tal cual lo hace un niño al explorar.

Hoy, aquel método de 'volver a no saber' es uno de los tantos métodos que utilizo para crear dentro de la magia, ya sea juegos, técnicas y gimmicks, las esponjas son un elemento que puedo describir, de manera lúdica, como 'las rameras de los magos'. Y las llamo así por que para muchos compañeros de disciplina, las cartas y monedas son algo esencial, primario algo así como 'las esposas de los magos', pero las esponjas pasan a ser algo secundario. Muchos no se casan con las esponjas, solo las toman de vez en cuando, en el momento en que las necesitan. Las toman, las usan y las vuelven a dejar sin darles el tiempo y estudio que si le dan a otros elementos. Yo quise casarme con las esponjas y esa preocupación entregada terminó por redefinir los parámetros de este tipo de magia.

CAPÍTULO 1
LA BOLA DE ESPONJA

La bola de esponja como elemento en el mundo y más aún en la magia no deja de ser un elemento extraño o al menos curioso, ya que si generamos un análisis conceptual podemos dividir el concepto bola de esponja en: bola y esponja (lógicamente) pero más que ser un burdo desglose de palabras nos lleva a analizar dos mundos: el mundo de las esferas, las bolas, el mundo esférico, que normalmente está relacionado a objetos sólidos, como las bolas de billar, bowling, balón de fútbol y por otro lado tenemos el mundo de las esponjas, la cual es de poliuretano expandido y que en general se utiliza en lo cotidiano en objetos que son más del mundo cúbico, como un colchón de esponja, una esponja de ducha o una esponja para lavar la loza.

Lo importante de traer a colación estos elementos, es reconocer que la forma y la materialidad de la bola de esponja viene de mundos distintos e incluso contrarios a nivel mental y social: La esfera tiene una materialidad sólida y por su parte, las esponjas tienen formas cúbicas.

Lo que aquí nos convoca es que para el mundo de la magia y obviamente para mí beneficio, mi teoría es que en una noche de pasión desenfrenada estos dos objetos se unen y generan este híbrido llamado bola de esponja. Objeto que es tan común para los magos, pero tan extraño y curioso para el resto del mundo. [Ver fig. 1].

La importancia de este análisis es darme cuenta que la bola de esponja al solo habitar, al solo existir en el mundo de los magos, ya que no está presente en ningún otro lado, carece de una vida externa propia del elemento, no así sus símiles y pares, como las cartas y las monedas.

Esto es tan extremo que si yo saco en una rutina de magia una baraja de cartas, ese elemento tiene una carga cultural relacionada al objeto que ya está en el subconsciente colectivo de todos los espectadores, ya que todos saben qué es una carta. Todos saben perfectamente que una carta es un papel impreso, saben que tiene pintas o palos, saben que hay una carta específica por baraja, sabemos que está relacionada a recuerdos, emociones. Hay mucha información ligada al objeto que como mago no necesito explicar y puedo utilizar en mi rutina, no así

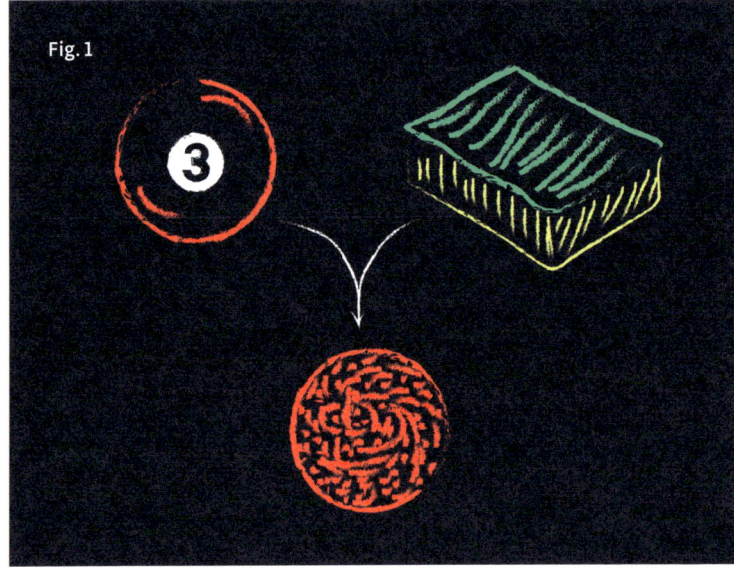

en la magia con esponjas, ya que uno al mostrar una bola de esponja el espectador no tiene concepto asociado al elemento y es trabajo del mago: presentar el elemento o, en su defecto, contextualizarlo dentro de una ficción.

Es por eso que cada vez que empiezo una rutina de magia con esponjas, necesito asentar en el espectador las bases de la realidad del elemento, necesito que el espectador sepa que es una esfera completa (más aún en las cosas que veremos en este libro). Es necesario que conozcan la materialidad, que entiendan de qué es y que asocien también el color, todas cosas que para los espectadores son nuevas pero en un mazo de cartas no sería necesario explicar. Solo así, una vez que están asentadas las bases de la realidad del elemento, puedo llevar al espectador a una ficción. Solo estando en una realidad absoluta se le puede llevar al espectador a un estado ficcional y mágico.

Para fines prácticos, tanto en las rutinas que realizamos como en los conceptos que veremos en este libro, es necesario que el espectador no piense o asuma que el material es distinto al real, que no piense que es una masa que se separa, una nariz de payaso o que es un objeto con tinta adentro que cambiará por si solo de color, sino que sepan específicamente que es una bola de esponja. Esto es necesario de la misma manera como es necesario que el espectador sepa qué son las cartas o entienda qué es una moneda, con todas sus características inherentes a la naturaleza del material.

Más adelante en el libro, ya dentro de los juegos, para explicar los mismos, habrá también un análisis ligado a este elemento, forma, color y materialidad, que hará que el juego se pueda entender e interiorizar de mejor manera para nuestro trabajo como magos, pero primero que todo es clave destacar la forma:

Una de las primeras cosas que me llamó la atención sobre el análisis de la bola de esponja es el por qué efectivamente es una bola y no un cubo u otra forma, ya que si bien hoy en el mundo de la magia existen elementos de esponja que no sean bolas, son muy escasos y poco utilizados, el elemento preponderante sigue siendo la esfera.

Lo magos antiguamente para fabricar estas bolas, tomaban una esponja cúbica más grande y la recortaban en pequeños cubos los cuales después trabajaban para crear una esfera, ciertamente un trabajo muy engorroso para lograr esta forma, generando la pregunta obvia ¿por qué lo hacían si todos los efectos mágicos de esta rama podrían lograrse con cubos?

Ciertamente, no sé si para mi conveniencia o pesar, no puedo entablar esa conversación con magos antiguos para tener esa respuesta, sin embargo esta situación me permite poder generar hipótesis y mis propias teorías al respecto.

Creo que el utilizar esferas versus cubos es debido a que las esferas, lo redondo, las bolas, en comparación a los cuadrados, son formas que están relacionadas a lo lúdico, relacionadas a lo móvil y más abstractamente al infinito. Incluso se podría pensar que todo lo circular está relacionado a la vida, ya que lo podemos encontrar en muchos seres vivientes, como caracoles o armadillos y esto nos lleva a lo que buscamos los magos: lo lúdico, móvil y en el fondo, la vida.

En la otra vereda estaría, ciertamente, el cubo, que representa lo inmóvil, lo rígido, lo estático y lo finito. Todas cosas que no las buscamos en el mundo de la magia: representa límites. Otra comparación interesante es que el cubo tiene seis caras y, a diferencia de eso, la esfera solo tiene una cara. Al ver la esfera aparentemente uno está viendo toda la cara de la misma, todo lo que tiene que entregar, por ende es como si se estuviera viendo toda la esfera, a diferencia del cubo, que siempre se verá de forma parcial, escondiendo parte de sus caras, lo que genera la sensación de que se podría estar escondiendo algo en él para la magia (cosa que todos sabemos que es así).

También me doy la licencia de pensar que la esfera es el cuerpo natural por excelencia, ya que en teoría, si uno tomase un elemento cualquiera y lo manipula eternamente se terminaría transformando en esférico eventualmente. Además, es obvio destacar que la esfera se relaciona mejor a la forma de la mano, trayendo beneficios en la manipulación y comodidad por la forma natural del cuerpo humano.

Es por ello que me atrevería tajantemente a decir que los magos antiguos utilizaban bolas y no cubos por cualquiera de estas explicaciones y eso, al menos para mí, ya es suficiente.

Una vez contextualizado el terreno en el cual nos vamos a sumergir comenzaremos de lleno a estudiar los nuevos conceptos a los que he llegado, siempre a través del análisis y la teorización de lo que existe y desde lo que he aprendido con ensayo y error. Para ello en los siguientes capítulos iremos revisando las rutinas clásicas que existen en la magia con esponjas y luego iremos viendo variantes y versiones propias, pudiendo ver con los mismos trucos de cierta forma el camino que he ido recorriendo en este vasto mundo de los juegos con esponjas. [Ver fig. 2].

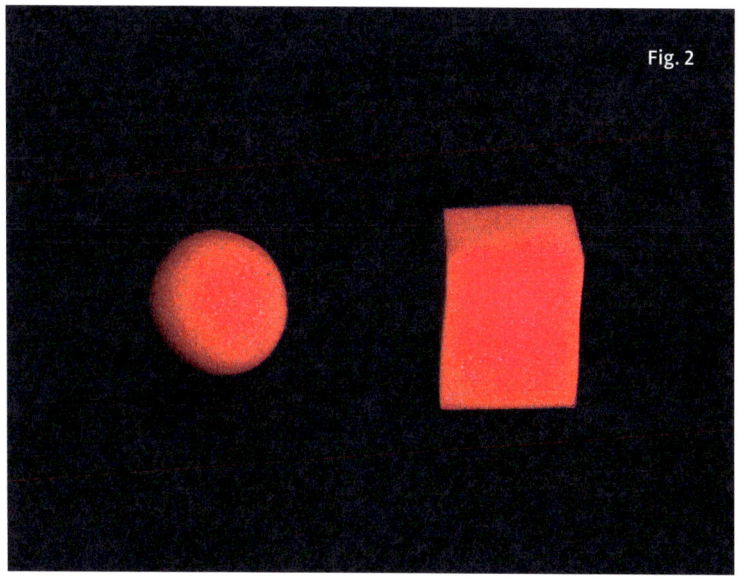

CAPÍTULO 2
ATENCIÓN, PERCEPCIÓN Y MEMORIA

Antes que comiences este capítulo debo comentarte que si eres un conocedor de la magia con esponjas probablemente aprenderás sólo un juego nuevo en esta parte del libro, que es el juego que le da nombre a este capítulo. Sin embargo he decidido escribir todos los análisis y procesos previos que me llevaron a crear esta rutina por que creo ciegamente que el camino es infinitamente mejor a la meta y transmitir eso es parte de lo que busco lograr en este libro: que el proceso es más importante que el resultado final.

Otro punto importante a destacar es que para fines prácticos y de comodidad en la lectura, todos los manejos de técnica tales como falsos depósitos y empalmes, puedes encontrarlos al final del libro, en el capítulo 7, con el fin de no interrumpir la secuencia de pases y movimientos en las rutinas, teniendo que explicar las técnicas en detalle cada vez que aparezcan en el libro.

Si aún sigues aquí y decidiste no saltar al juego o bien te estás iniciando en la magia con esponjas y quieres aprender todos los juegos que vienen a continuación, que además te recomiendo no saltarlos, comenzaremos analizando la primera fase de la rutina conocida como las bolas viajeras:

Juego 1
Bolas viajeras

Aparece una bola de esponja que luego se duplica. Se le dirá al espectador que las bolas son un poco extrañas porque al tomar una de las bolas y dejarla en la mano izquierda y la otra en la derecha, dejándolas separadas, una de las bolas viajará de una mano a la otra para encontrarse. Eso pasará al abrir las manos.

Posteriormente, al elegir una de las bolas, se la dejará en una mano del espectador y la otra quedará en la mano del mago. Luego del gesto mágico, la bola que estaba en la mano del mago viajará y al abrir su mano el espectador se encontrará con las dos bolas en su mano.

Explicación: Se empieza con dos bolas en empalme de dedos, movimiento que se puede encontrar en el capítulo de manejos y técnica, y se hace una primera aparición con una de ellas, que puede ser una aparición sola, con papel flash, etc. Posteriormente se hace aparecer la segunda pelota, puede ser juntando la primera con la segunda, teniendo esta empalmada, simulando que la primera bola mostrada se parte en dos.

Lo primero después de esto es hacer con una de las bolas un falso depósito, dejando la pelota en la mano en empalme de dedos. Con esa bola empalmada, se toma la segunda bola y se deja en la mano en la que está empalmada la primera, simulando aún que se tiene una bola en cada mano, pero realmente teniendo las dos en la misma mano. [Ver fig. 3, fig. 4].

En este punto está todo hecho. La revelación del efecto puede hacerse comentando que la bola viajó por el aire o por el cuerpo del mago abriendo finalmente ambas manos mostrando que tenemos una mano vacía y en la otra ambas bolas.

En la última fase, se le pide la mano al espectador, éste elige una bola cualquiera, la otra se deja para el mago. Al igual que en la fase anterior se hace un falso depósito y se deja la bola empalmada en la otra mano del mago, con la mano empalmada con la bola, se toma la otra y se dejan las dos bolas en la mano del espectador simulando que se le pasa una.

Fig. 3

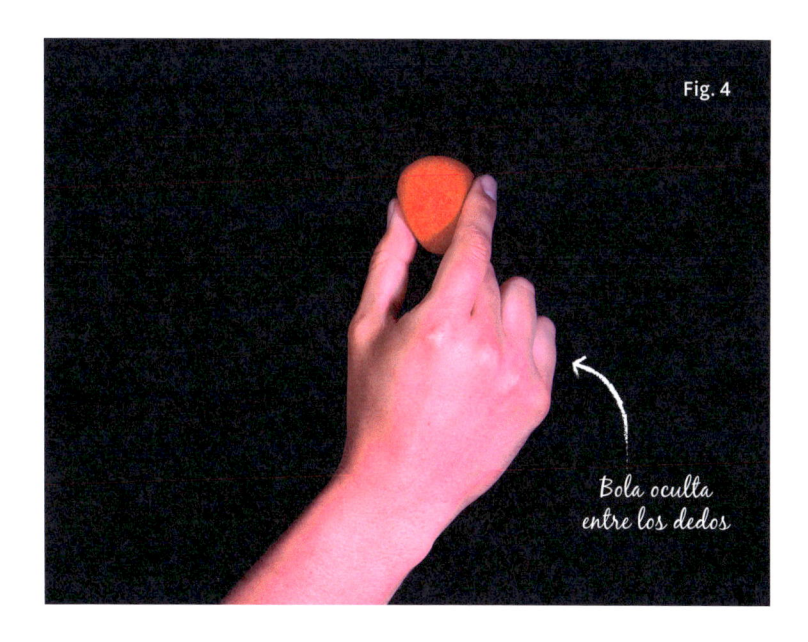

Bola oculta entre los dedos

Fig. 4

Bola oculta entre los dedos

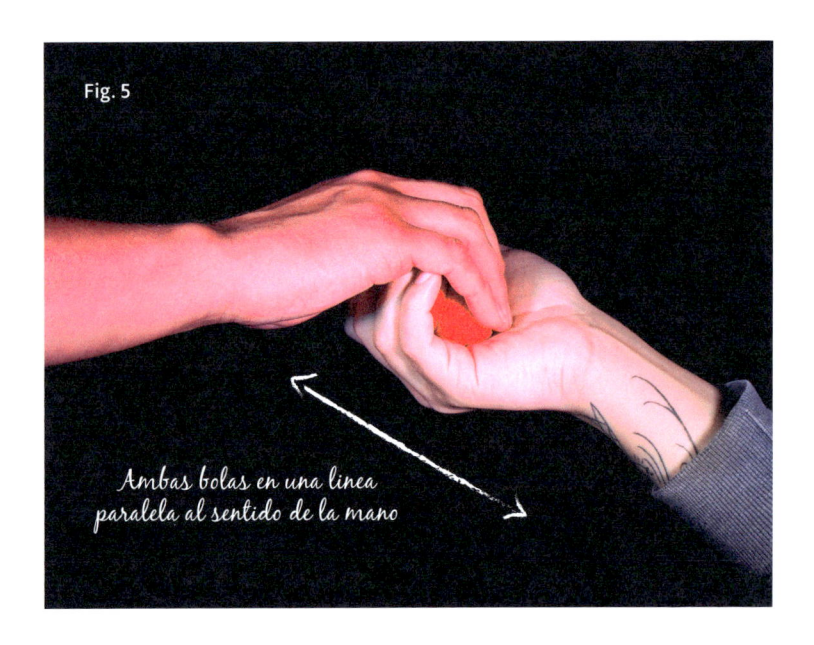

Fig. 5

Ambas bolas en una línea paralela al sentido de la mano

Fig. 6

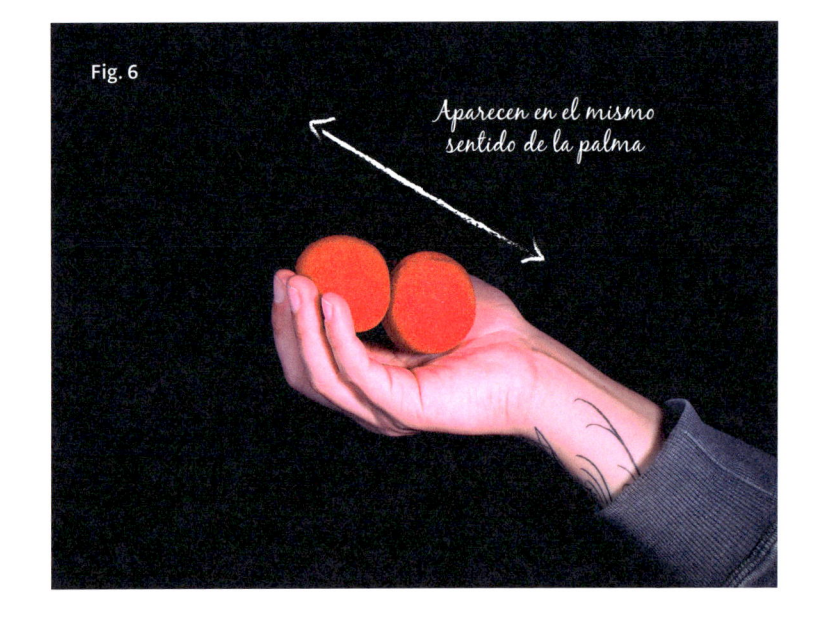

Aparecen en el mismo sentido de la palma

Es importante que al momento de dejar las bolas en la mano del espectador, después de juntar las dos bolitas, las dejemos en la línea de la mano del espectador en posición vertical, para que el espectador al cerrar la mano ayudado por nosotros, quede con las bolas en bloque y solamente sienta una bola. [Ver fig. 5, fig. 6].

Dejamos las bolas, cerramos y giramos su mano para asegurarnos que el espectador no la abra antes de tiempo. Hacemos viajar las bolas con el gesto mágico y al momento de abrir la mano ya tendrá las dos en su mano.

Dentro del análisis interno que podemos hacer de este juego, podemos decir que como en toda rutina de magia existe una situación inicial A y una situación final B, en la cual la situación inicial A corresponde a que la bola número 1 está en la mano del mago y la bola número 2 está en la mano del espectador y la situación final B, la mano del mago está vacía y la mano del espectador tiene dos bolas, ese contraste entre la situación inicial y la situación final corresponde al efecto mágico.

Tal contraste entre la situación A y situación B se puede explicar bajo dos posibles interpretaciones: La interpretación 1 sería que la bola que tiene el mago en la mano desapareció y la bola que tiene el espectador en la mano se duplicó, ésta por lo demás es la interpretación menos frecuente. La más frecuente sería la interpretación 2, que es que la bola en la mano del mago viajó a encontrarse con la del espectador. No por nada se llama las bolas viajeras.

Sin embargo, estas dos esponjas del mismo color pueden dar cabida a la primera interpretación porque carecen de una identidad propia, es decir el espectador no puede identificar diferencia alguna entre las bolas, es por ello que la bola que tiene en la mano puede haberse duplicado o puede haber viajado desde la mano del mago porque no hay diferencia a la vista.

Vale la pena destacar que esta reflexión es casi exclusivamente realizada dentro de la mente del mago y a nivel de composición de rutina. Para el espectador es muy difícil realizar esta reflexión y si llega o no a hacerlo sigue sin ser relevante, sin embargo que el mago se cuestión esto eventualmente termina siendo positivo para la creación y composición del juego y para entender el efecto y fenómeno de lo que estamos realizando.

Es aquí cuando los colores comienzan a tomar importancia debido a que si hacemos exactamente la misma rutina pero esta vez con una bola roja y con una bola azul, la primera interpretación automáticamente se elimina, ya que si el mago en la situación inicial tiene una bola azul en la mano y el espectador tiene una bola roja en la suya y luego en la situación final el mago no tiene la bola azul en la mano y el espectador tiene ambas bolas en la suya, la bola roja que estaba en la mano del espectador no puede haberse duplicado en una roja y una azul, necesariamente la bola azul que estaba en la mano del mago viajó a encontrarse en la mano del espectador.

Es así como haciendo exactamente la misma rutina y sólo cambiando una bola de color, la rutina gana en claridad ya que ahora las bolas sí poseen una identidad y el espectador puede reconocer claramente cuál está en qué mano y además el efecto gana en contraste y, por ende, en potencia ya que el contraste de tener una bola roja y luego una roja y una azul es mayor a nivel visual que tener una bola roja en la mano y luego dos bolas rojas. [Ver fig. 7, fig. 8].

Ahora la rutina apunta únicamente a que la bola está viajando, haciendo gala de su nombre, que por si no lo recuerdas, se llama las bolas viajeras.

Si no te queda muy claro, aquí va otra explicación:

Fig. 7

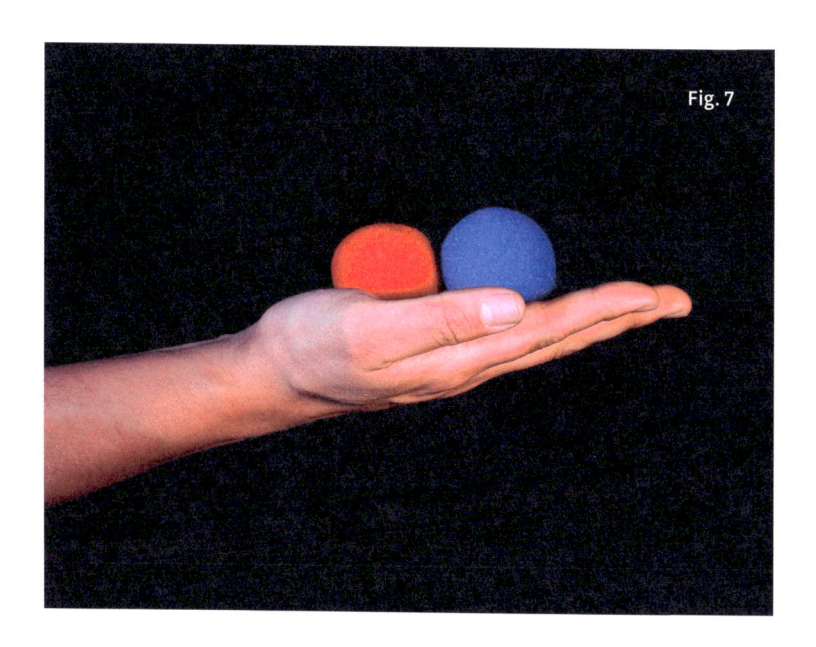

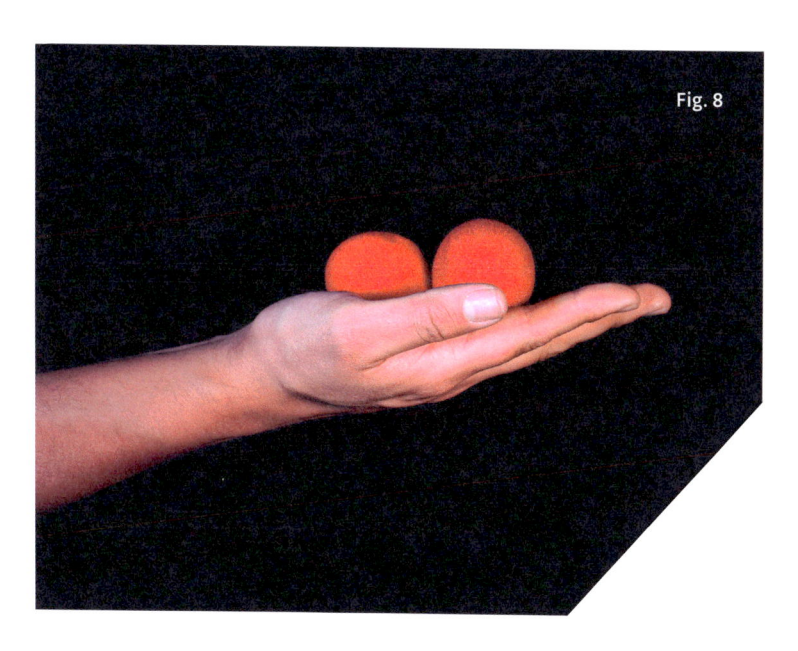

Fig. 8

Juego 2
Rutinas bolas viajeras con dos colores

La segunda versión es similar a la primera pero con dos colores. El espectador elegirá un color que será la bola que irá en la mano derecha del mago y la restante en la mano izquierda. La bola de la mano izquierda viajará por el aire y se encontrará en la mano derecha del mago.

Posteriormente la bola elegida por el espectador irá en su mano y la restante en la mano del mago, la cual viajará para encontrarse en la mano del espectador.

Explicación: Se puede empezar con las dos manos cargadas en empalme de dedos y hacerlas aparecer en cada mano o partir al igual que en el juego anterior y empezar con las dos en empalme de dedos, hacer aparecer una, transferirla de mano y hacer aparecer la segunda.

Luego el espectador elige una bola para empezar a dar la diferencia entre ambos colores, por ejemplo el rojo. Se dejará la bola roja en la mano izquierda haciendo un falso depósito y dejándola en empalme de dedos en la derecha y la azul en la mano derecha junto con la roja que estaba empalmada. Posteriormente se harán viajar las bolas y se abrirá la mano para mostrar que los dos colores se encontraron en la mano en que se dejó la bola roja.

Luego, se dejará la bola que no eligió el espectador en su mano, confirmando la sensación de que tiene una. La que eligió el espectador (en este caso la roja) la dejaremos en la mano del mago, todo normal.

Después nos daremos cuenta que nos equivocamos al pasarle la bola que no había elegido, por ende tomaremos la azul que le pasamos al espectador y la dejaremos en falso depósito empalmada en la otra mano, y la roja, que es la del espectador, se la pasaremos junto con la azul empalmada, nuevamente en vertical para hacer creer que tiene solo una.

Con este detalle de que el espectador tuvo su bola en la mano y vio la otra en la mesa, se da la sensación de realidad, que cambia al momento de darnos cuenta de esto, hacer el empalme y el doble depósito en la mano del espectador.

Se realiza el gesto mágico y el espectador verá como en su mano tiene las dos bolas.

En esta rutina y en otras que veremos más adelante a lo largo del libro, te darás cuenta de la importancia del uso de colores en la magia con esponjas. La teoría de color es algo que siempre me llamó la atención en este tipo de magia, ya que hoy en el mercado existe una inmensa gama de colores disponibles pero los magos seguimos usando el típico set de cuatro bolas rojas.

En la rutina anterior podemos ver el cambio que se produce al agregar colores en una rutina clásica. Con este pequeño cambio se potencia el efecto al darle mayor claridad y mayor contraste, sin tomar en cuenta además que puede ser algo muy atractivo para utilizar en la vida externa.

Ya teniendo claro el uso de los colores y como la rutina se ve potenciada les mostraré un juego basado en el juego anterior pero que suma el concepto de 'bola oculta' ligado a la compresibilidad de la esponja.

Juego 3
Bolas viajeras con bola extra

Se presentan dos bolas, una roja y una azul. La bola roja irá en la mano izquierda y azul en la derecha, se cierran las manos, se hace el gesto mágico y al abrirla se encontrarán las bolas cambiadas, la roja en la mano derecha y la azul en la izquierda.

Posteriormente se dejarán las dos bolas en la mano del espectador, el que elegirá una de las dos y la sacará con la mano cerrada. Al sacar la pelota, por ejemplo la azul, quedándose con la roja en la mano, el mago tomará la pelota azul, la transformará frente al espectador en una bola roja y en la mano del espectador al abrirla estará la bola azul, habiendo viajado las bolas de un lado al otro, generando una transposición.

Explicación: Esta rutina tiene varios detalles y formas de llegar a lo mismo. Lo primero que necesitamos es una bola extra de alguno de los dos colores, por ejemplo tener dos azules y una roja. Podemos partir con la azul empalmada en la mano izquierda. Lo que haremos es tener las dos bolas en la mesa y la azul empalmada. Tomamos la roja con la mano derecha, la que está vacía, y hacemos un falso depósito de túnel en la mano izquierda, el cual está explicado en el final de libro, en la parte de 'manejos y técnica', llevándonos la roja, tomando en cuenta que tenemos la bola azul previamente empalmada en la mano. Entonces con la mano que hacemos el falso depósito nos llevamos la roja dejándola empalmada en la mano y dejando la azul en la mano en que simulamos que dejamos la bola roja. [Ver fig. 9, fig. 10].

Con eso tenemos una azul en la mano en que se supone está la roja y en la mano que se supone está vacía una pelota roja. Luego tomamos la bola azul que queda en la mesa con la mano en que tenemos la bola roja escondida y la mostramos, luego hacemos el gesto mágico y con un 'pintaje de Bolas Chinas' (pintajes que están escritos y descritos en el séptimo capítulo del libro) hacemos la transformación de la bola azul a la bola roja. Al abrir la otra mano, como ya sabemos, estará la bola azul.

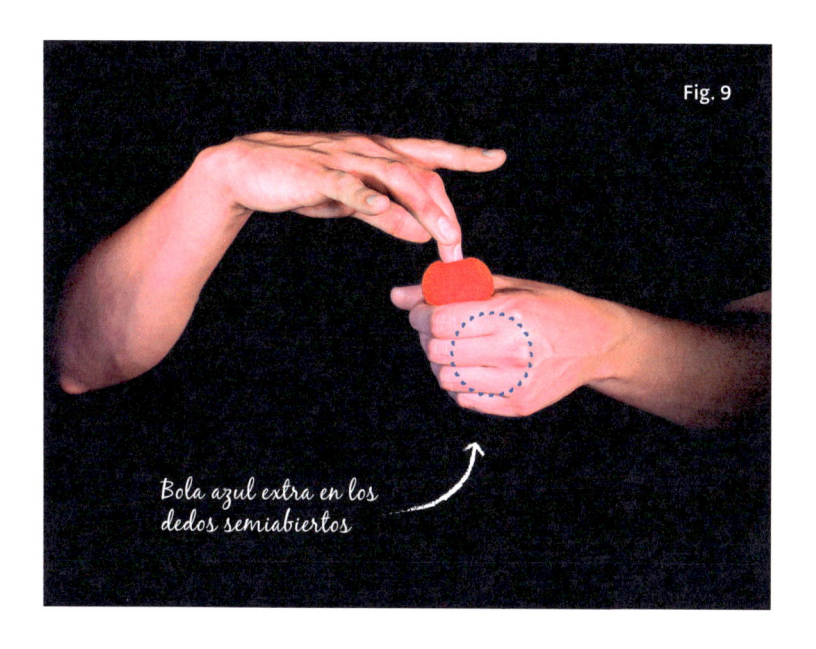

Fig. 9

Bola azul extra en los dedos semiabiertos

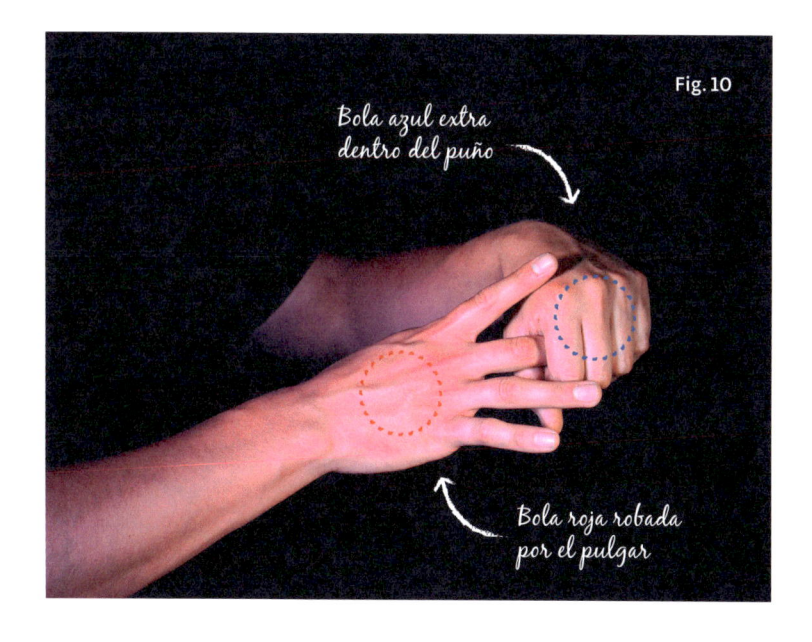

Fig. 10

Bola azul extra dentro del puño

Bola roja robada por el pulgar

Esta primera fase se puede realizar de otra forma: Podemos partir con la bola extra en la mano derecha esta vez y las dos bolas en la mesa, lo que haremos será tomar la bola roja y simular dejarla a mano abierta en la mano izquierda, haciendo esta vez un 'cambio de Bobo', que consiste en tomar la bola roja y en la transición cambiarla por la azul en la mano izquierda y dejar la bola roja empalmada en la mano derecha. Cualquiera de estas versiones puede ser útil para la fase inicial de este efecto. Luego, al quedar en la misma situación inicial del párrafo anterior el juego continúa de la misma forma.

Sea cual sea la versión que elijas, terminaremos con la bola azul y la bola roja a la vista y la bola extra azul en la mano derecha. Ahora, tomaremos la bola azul y le cargaremos la segunda bola, haciendo un pequeño vistazo como si fuera una, pero en realidad dejaremos las dos bolas en la mano izquierda y con la otra bola, la roja, hacemos un falso depósito de túnel llevándonos la bola roja y dejando las dos bolas azules en la mano del espectador. [Ver fig.11, fig.12].

A diferencia de las versiones anteriores donde dejamos dos bolas como si fueran una en posición vertical, la idea es dejar las dos bolas en posición horizontal para que sienta las dos bolas, sin saber que tiene dos azules en su mano, pero sintiendo ambas.

Ahora, con la bola roja empalmada, le daremos a elegir que saque con la mano cerrada una de las dos bolas, que siempre será una azul. Tomaremos esa bola azul y haremos un 'pintaje estático', también explicado al final del libro. Habiendo cambiado las bolas y teniendo la roja en nuestra mano, le diremos que abra su mano y que vea que en ella tiene la bola azul. Mientras el espectador ve que tiene la azul en su mano, podemos hacer la descarga de la bola empalmada y quedar limpios al momento de la revelación del efecto.

Para poder analizar el juego anterior es necesario partir explicando qué es el concepto de 'bola oculta' o 'bola extra', el cual consiste en utilizar una o más bolas ocultas y/o empalmadas durante toda una rutina intercambiando estas bolas ocultas con las que ve el espectador sin que este perciba que las bolas se

Fig. 11

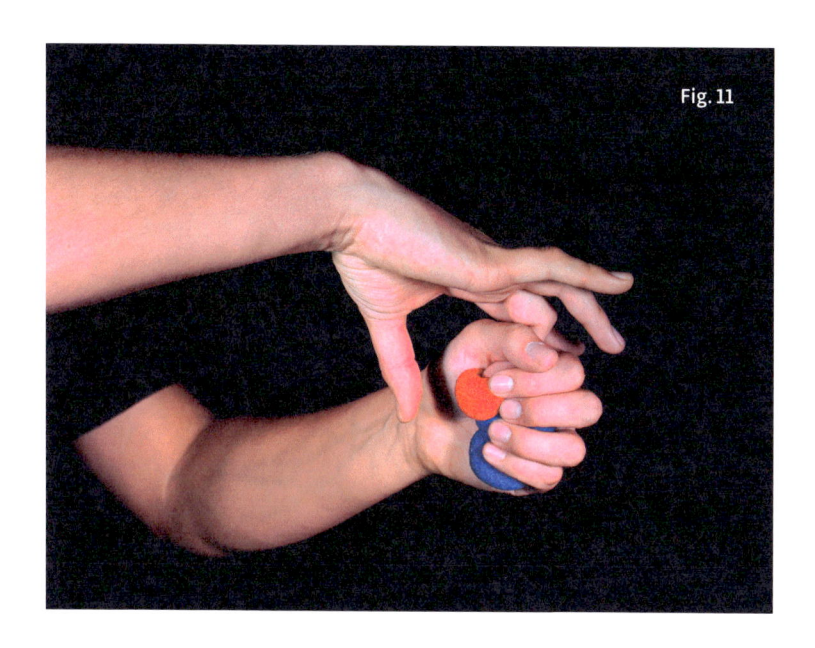

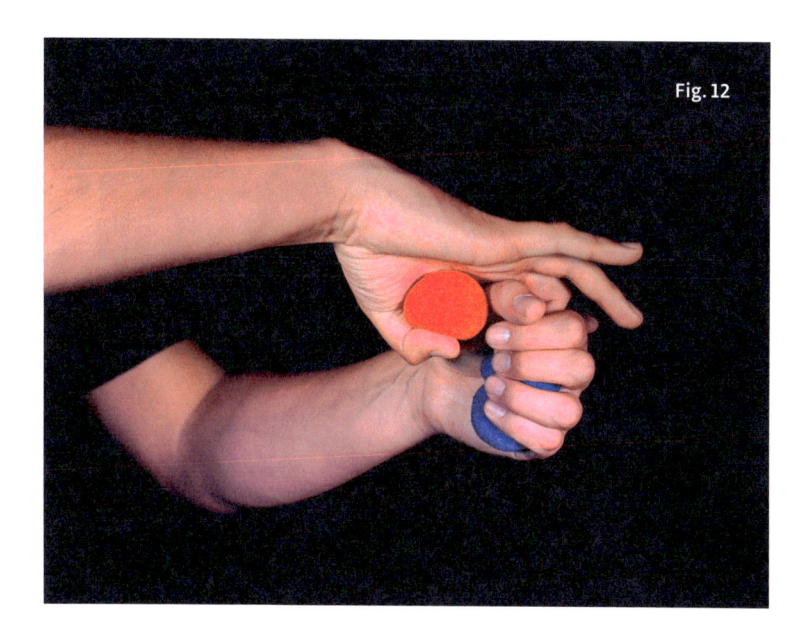

Fig. 12

intercambiaron, las cuales van entrando o saliendo de escena como método interno sin que el espectador lo note.

Si bien este concepto parece lógico dentro de la propia naturaleza de la magia con esponjas, no deja de ser curioso que la mayor característica de la bola de esponja y que la diferencia de todos los otros elementos del mundo de la magia, es la compresibilidad, que es donde se basa el noventa por ciento de los secretos de la magia con esponjas, para el espectador no será un secreto, ya que en el primer momento en que se toma la esponja, se logra percibir su textura y capacidad de compresión.

Al percibir la compresibilidad inconscientemente se relaciona su incidencia en cualquiera de los efectos que está viendo, justamente porque la bola se comprime. Es decir, el mayor secreto de la bola de esponja, no es un secreto.

Es por ello que el juego anterior me parece tan fascinante, por que utiliza en todo momento la compresibilidad de la esponja pero la lleva lo más posible a la vida interna, por que por mucho que una bola de esponja se comprime, si un espectador tiene una bola roja en la mano, al abrirla es imposible que sea azul, aunque internamente, el mago sigue basando el efecto en la compresibilidad.

Creo así que el mayor desafío que tenemos los amantes de la magia con esponjas, es tratar de utilizar dicha característica en lo más profundo de la vida interna del juego y alejarla lo más posible del efecto que está viviendo el espectador.

Una vez que hemos comprendido la importancia del uso de colores y la importancia de llevar lo más posible la compresibilidad a la vida interna, que es donde creo que más aporta mi trabajo al mundo de las esponjas, pasaré a explicar una versión propia que nace de los juegos anteriores. Pero, para ello, necesito antes introducirlos al maravilloso mundo de los gimmicks de esponja.

Volviendo a aquella primera anécdota y ligado al concepto de "volver a no saber", comienzo a investigar las posibilidades de la esponja como material e inicio una fase de experimentación en la cual corté, uní, teñí, manipulé, puse en cloro, decoloré e incluso congelé esponjas buscando las posibilidades que podía llegar a brindar el material y por supuesto en la búsqueda de posibles nuevos gimmicks.

Fue en aquella experimentación y también en la investigación de lo que ya había disponible, en donde empiezo a trabajar en una idea simple que con los años se fue complejizando y fue la piedra de inicio que dio espacio a gran parte del material que verán en este libro.

El principio básico que uso para la gran mayoría de mis rutinas está ligado a un viejo principio de la magia con esponjas, que corresponde al **volteo de una esponja**, tal como si estuviéramos volteando un calcetín, popularizado por el clásico juego de la bola cubo en el cual una esponja cubica tiene un agujero interior de forma esférica por lo cual al voltear esta esponja, por un lado es una esfera y por el otro un cubo. [Ver fig.13].

De este concepto existen otros similares relacionados al mundo de las figuras de esponja, existe un conejo que se da vuelta a tortuga, una flor que se transforma en araña y así un sinfín de figuras de esponja basadas en este mismo principio.

Fue así como llegué a una primera idea que no requiere, por cierto, de mucho esfuerzo mental, que corresponde a una bola que por el otro lado sigue siendo una esfera, pero esta vez de otro color, generando un primer gimmick de una bola de volteo, pero de dos colores. [Ver fig.14].

Con este gimmick descubro y comienzo a ver todas sus posibilidades, formando una familia de bolas trucadas que comparten el mismo principio, pero te permiten crear cosas distintas para una serie de finalidades.

Entendiendo que el concepto de bola de esponja de volteo existía, creo que la idea de llegar a este primer gimmick no era una cosa tan compleja, es por ello que con los años fui conociendo otros magos en el mundo que habían llegado a la misma familia de conceptos, dentro de ellos a Bizzaro en Estados Unidos o a mi querido amigo Víctor Noir en Galicia y probablemente muchos otros magos que aún no conozco, todos ellos con trabajos muy interesantes utilizando bolas trucadas, que por supuesto recomiendo estudiar si te gusta este mundo.

Sin embargo, con el preconcepto de esta bola trucada, creo que el real aporte está hoy en como utilizamos y estructuramos nuestras rutinas utilizando estos gimmicks de forma más compleja y enfocada lo más posible en la vida interna. Tal como ocurre con una cascarilla de monedas, el real trabajo recae en la forma en la que utilizamos y combinamos esa cascarilla con otras monedas para construir nuestras rutinas y no en la cascarilla misma.

Dicho esto, les dejo uno de mis "caballitos de batalla" en la magia de cerca: Atención, percepción y memoria.

Fig. 13

Fig. 14

Juego 4
Atención, percepción y memoria

Se le dirá al espectador que se la hará un juego de atención, percepción y memoria. Primero que todo se le pregunta en cuál de estos tres puntos el cree que fallará y se le comentará que hay gente que falla en atención, gente que falla en percepción y gente que falla en memoria, hay algunos que fallan en los tres pero a esos no se les hace el juego por razones obvias.

Se le entrega una bola de esponja roja, se le pregunta a simple vista ¿qué puede percibir de esta bolita? Se le dice que si ha escuchado que no se puede poner atención a dos cosas al mismo tiempo. Ahora vamos a poner a prueba esa atención.

Se le entrega otra bola de otro color y se le pregunta qué diferencia tienen estas dos bolas, si no responde sobre el color, se le dice. Se le comenta que con estos dos colores vamos a jugar.

Bola roja en una mano y azul en la otra. Se le dice al espectador que elija una de las dos, por ejemplo la roja. Se elije la roja, se retira la azul. Primera fase: Atención. Se retira la azul y se lleva al bolsillo izquierdo, se le pregunta con cuál nos quedamos, cuando responda que la roja, le decimos que tiene que poner más atención ya que al abrir la mano estarán las dos bolas.

Bola azul y bola roja en la mano. Se toma la azul y se deja en la mano y junto con ella la roja. Se le pide la mano derecha al espectador, se le estira a forma de gag diciendo que necesitamos su mano "derecha" y se dejan dos bolas en su mano.

Segunda fase: Percepción. Se le dice que puede percibir que tiene dos bolas pero no el color de cada una. Le decimos que le vamos a ayudar, sacamos la bola roja con la mano cerrada del espectador, le decimos que si yo tengo la bola azul ¿cuál tiene él? Cuando diga que nosotros tenemos la roja y él la azul, le decimos que es una cosa de percepción y que a la luz la pelota cambia, transformándose la roja en azul y en la mano del espectador está la bola restante, la roja, generando una transposición.

Ultima fase: Memoria. Dos bolitas juntas en nuestra mano, sacaremos una de las dos, en este caso la roja y la guardamos en

51

el bolsillo derecho, entonces le preguntamos cuál tenemos en la mano, te dice la azul, sacamos la roja que acabamos de guardar del bolsillo para que sepa que tenemos la azul en la mano y la dejamos en la mesa, le preguntamos que cuál tenemos, cuando dice la azul, le decimos que no, memoria, que recuerde que al principio del juego teníamos la bola azul en el bolsillo, abrimos la mano y ve que no tenemos nada, que está vacía y sacamos la azul del bolsillo izquierdo diciendo que al principio del juego la dejamos ahí y que hay que tener buena memoria.

Explicación: Para este juego se necesita dos bolas rojas normales, una bola azul normal y un gimmick de volteo azul y rojo. Se seteará de la siguiente forma: Por el lado rojo del gimmick vamos a poner la bola azul dentro y nos queda el gimmick por el lado azul. Dejamos todo, es decir el gimmick seteado más las dos rojas normales, en el bolsillo. [Ver fig.15 - fig.17].

Es fácil sentir cuando vamos al bolsillo cual es roja y azul, debido a que la azul es más densa ya que tiene otra adentro y las otras dos son rojas.

Vamos al bolsillo, sacamos cualquiera de las dos rojas, se la mostramos al espectador y se la pasamos, le hablamos de la atención, le decimos que tomaremos un segundo elemento, vamos al bolsillo y tomamos el gimmick azul. Cuando el espectador nos está devolviendo la bola roja le preguntamos: ¿Cuál es la diferencia entre la bola roja y la bola azul? Lo que haremos es, cuando esperamos que el espectador nos devuelva la bola roja tomamos y seteamos la técnica para el volteo a una mano (explicada al final del libro) de la azul, y cuando el espectador nos devuelve la roja, juntamos las dos bolas por un segundo y hacemos el pase metiendo la bola roja dentro del gimmick y sacando la azul normal.

En resumen el espectador revisa la bola roja, seteamos; cuando nos pasa la bola hacemos el pase, le entregamos la azul normal y le preguntamos que cual es la diferencia entre esa bola que nos pasó (que realmente no es la que nos pasó, es el gimmick) y la que tenemos en la mano, que le pasamos. El espectador básicamente revisa las dos bolas y son normales. [Ver fig.18, fig.19].

Fig. 15

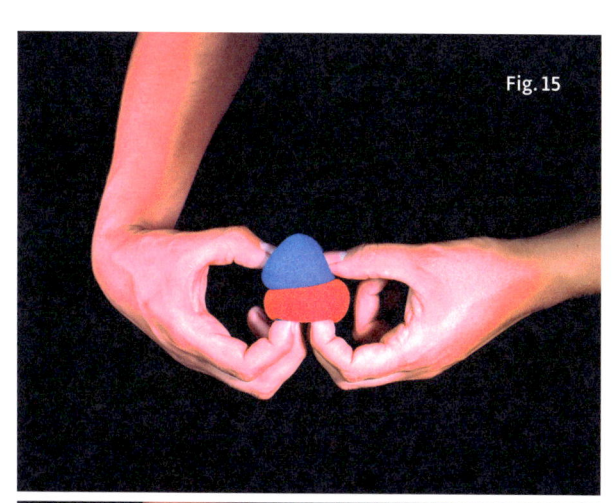

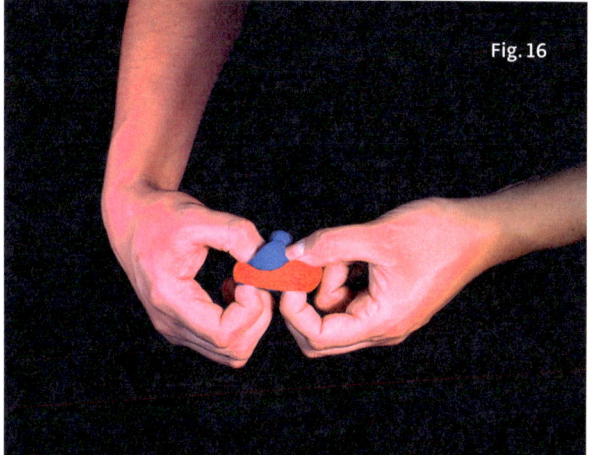

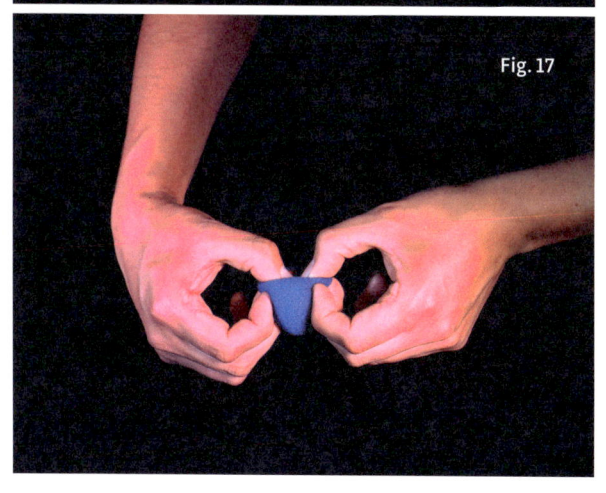

Fig. 16

Fig. 17

Entonces tenemos la bola roja en la mano derecha y la bola azul en la mano izquierda, mientras hacemos esto, mostramos bien la bola roja y cuando vamos a mostrar la bola azul, en la transición, lo que hacemos es dejar la bola roja en la misma mano y ejecutamos el volteo a una mano, liberamos la bola de adentro, pero mostrando el dorso de la mano hacia el espectador y poniendo la atención en la bola azul, por ende quedaría la bola azul en la izquierda y la gimmick y la roja normal en la derecha.

Le damos a elegir cual bola quiere el espectador, sea cual sea su respuesta vamos a realizar un forzaje a elección del mago para llevar la bola azul al bolsillo. Si nos dice la azul, llevamos esa misma al bolsillo, si nos dice la roja le decimos que vamos a jugar con la roja y que la azul la vamos a retirar. La sacamos y queda la bola gimmick y la otra roja (ambas en la mano derecha). Abrimos la mano y mostramos que tenemos ambas bolas. Atención.

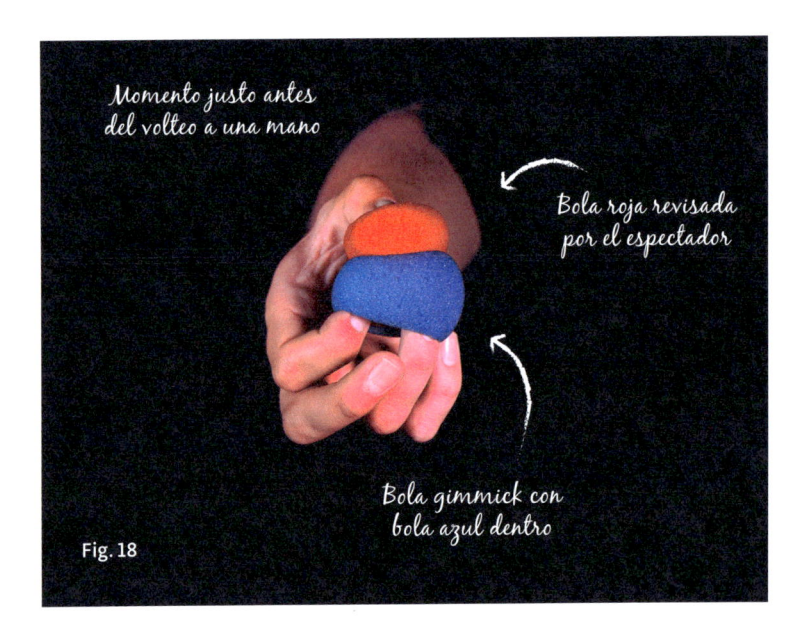

Momento justo antes del volteo a una mano

Bola roja revisada por el espectador

Bola gimmick con bola azul dentro

Fig. 18

> Bola azul normal, que se da a revisar
>
> Bola gimmick por lado roja, con roja revisada dentro
>
> Fig. 19

Segunda fase, Percepción: Tomamos el gimmick ahora azul y hacemos el pase clásico de bola cubo con la mano como tubo presionando hacia abajo para voltear la bola quedando ya con la esponja secretamente por el lado rojo que quedará con el agujero hacia arriba. Tapando ese agujero va la segunda bola roja. [Ver fig. 20].

Le pedimos la mano derecha al espectador, es importante que sea esta mano ya que si las bolas están en nuestra mano derecha, el gimmick estará hacia el meñique y al pasársela al espectador, el gimmick quedará hacia el lado del pulgar en su mano derecha, por tanto, sabemos donde estará el gimmick. [Ver fig. 21].

Le decimos que siente las dos bolas, pero no puede saber cuál es cuál. Le comentamos que lo ayudaremos un poco y sacamos levemente la bola gimmick de la mano del espectador y antes de sacarla por completo vamos a girar la bola hacia abajo para

Fig. 20

Esto es lo que ocurre dentro del puño cerrado y que la gente no ve.

que el agujero salga hacia ese lado y así el espectador no tenga posibilidad de ver el agujero. [Ver fig. 22, fig. 23].

Ahora con el gimmick rojo en la mano y la bola roja en su mano, se da una muestra falsa de que es una bola normal y podemos hacer un pintaje con el gimmick o podemos taparlo y que se cambie o mostrarle la bola y mover la pelota hacia arriba diciéndole que va hacia la luz, la pelota cambia de roja a azul frente a sus ojos y al abrir la mano se dará cuenta que tiene la roja en la mano. La muestra también se puede encontrar al final de este libro.

Ultima fase: Memoria. Mano izquierda empuñada, la bola gimmick con el agujero hacia abajo y sobre la bola gimmick la roja, hacemos el pase clásico de bola cubo para que la bola gimmick "se coma" la otra bola y pasamos de una roja y una azul a tener sólo una roja dentro, con el espectador creyendo que tenemos la dos. [Ver fig. 24, fig. 25].

Sacamos una de las dos, podemos dar a elegir o solo sacar una, sacamos la bola roja gimmick con la azul dentro y la llevamos al bolsillo. ¿Qué nos queda? El espectador va a contestar que está la azul. Le decimos que no queremos que falle, sacamos la

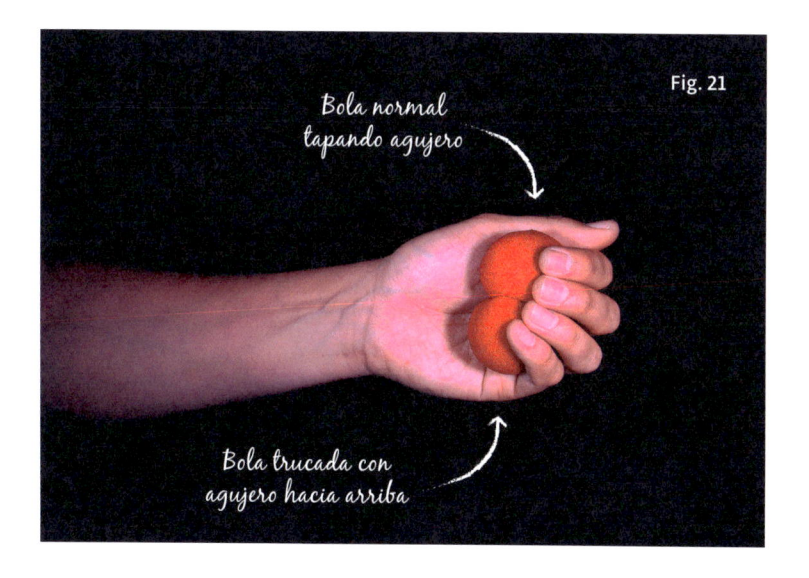

Fig. 21

Bola normal tapando agujero

Bola trucada con agujero hacia arriba

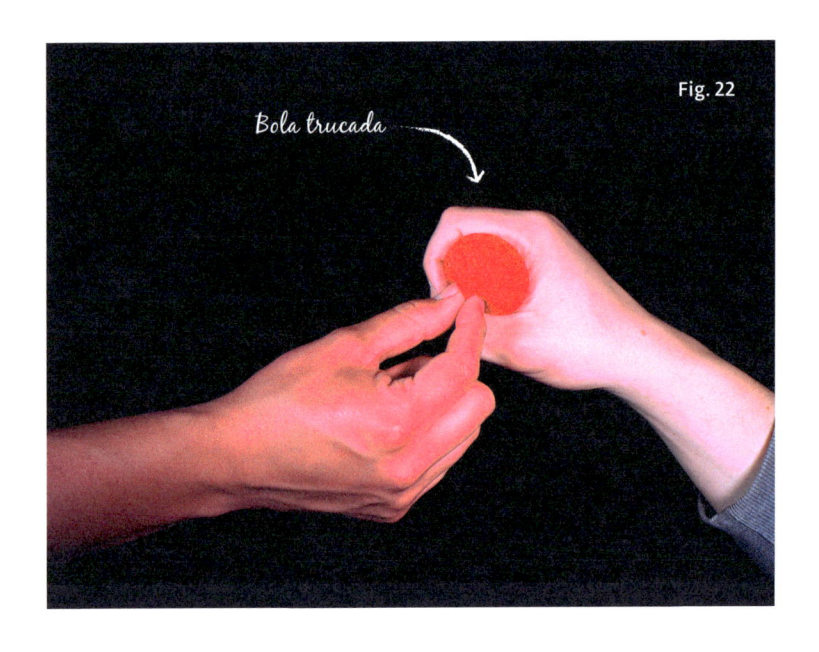

Fig. 22

Bola trucada

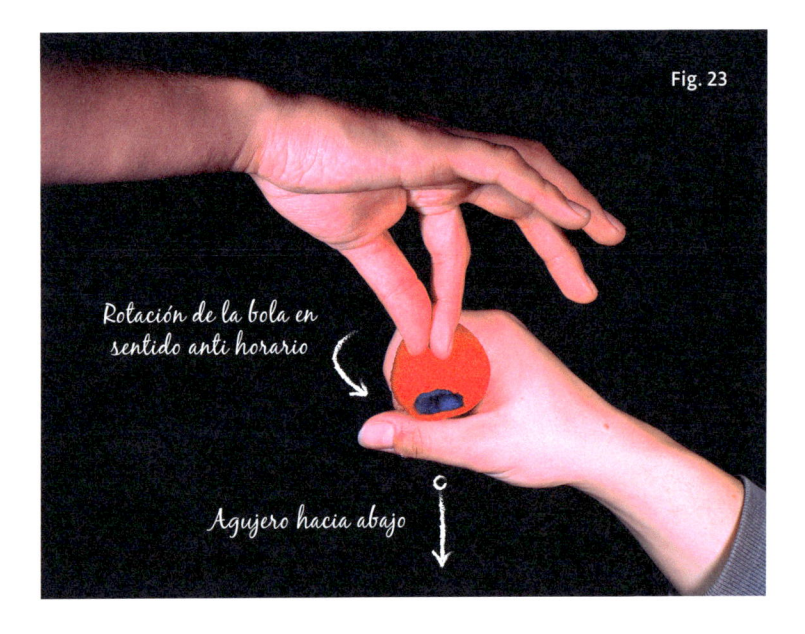

Fig. 23

Rotación de la bola en sentido anti horario

Agujero hacia abajo

Fig. 24

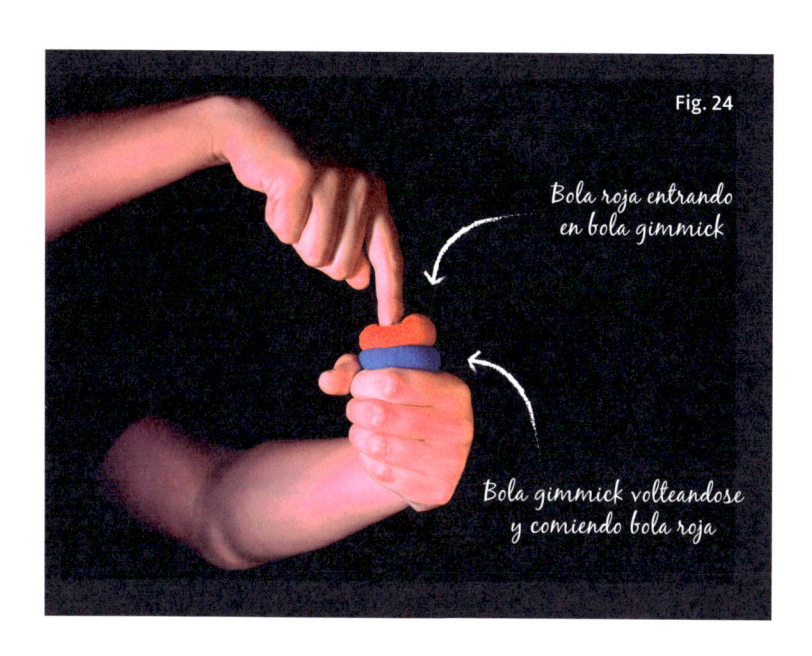

Bola roja entrando en bola gimmick

Bola gimmick volteandose y comiendo bola roja

Fig. 25

Esto es lo que ocurre dentro del puño cerrado y que la gente no ve.

roja del bolsillo para que no se equivoque, pero en este caso la que sacamos es la roja normal que teníamos en el bolsillo desde el principio, todo separado por la pregunta. Cambiamos la bola gimmick y quedamos con una bola roja normal en la mesa. Le decimos: memoria, recapitulamos al inicio de la rutina que pusimos una bola azul que siempre estuvo en el bolsillo izquierdo, abrimos la mano y no tenemos nada y sacamos la azul del bolsillo y dejamos el juego hasta aquí terminando con dos bolas normales que el espectador puede revisar. Atención, percepción y memoria.

Es importante una vez introducido el mundo de los gimmicks con esponjas, analizar las estructuras internas y los contextos en los que utilizamos un gimmick ya que en la magia suelen haber dos corrientes que priman sobre el resto: Una que pone la técnica como valor principal y por otra parte, aquellos que utilizan gimmicks para facilitar el trabajo del mago, pero caen en el uso del gimmick como lo principal del juego. A mí parecer, tanto gimmicks como técnicas, así como recursos narrativos, son solo una nota disponible que pueden ser utilizadas o no en la composición. ya que lo más importante es la experiencia que le entregamos al espectador y no los recursos que utilizamos para llegar a esa experiencia.

Es por ello que para mí, lo más importante es cómo componemos y mezclamos todos los recursos que tenemos a nuestra disposición como magos.

Y para ayudar en la composición y análisis les quiero abrir una pequeña ventana a un tema mucho más complejo, que nace desde el análisis realizado en conjunto con mi amigo Claudio Plopper, tremendo mago y hoy músico.

Para un mayor análisis de la rutina anterior les presentaré la siguiente descomposición de las estructuras de rutina:

Pactaremos a conveniencia que toda rutina tiene un inicio, un desarrollo y un final, donde el inicio consiste en presentar la situación inicial y los elementos que se van a utilizar. En el desarrollo ocurrirán las siguientes fases del juego, las técnicas y el clímax del efecto mismo; y en el final todo lo que ocurre en el momento exacto en que termina el clímax de la rutina en adelante, donde podemos analizar los componentes o terminar la rutina en lo dramático.

Teniendo esas primeras tres etapas, pactaremos además que toda fase podría llegar a ser verdadera o falsa, donde verdadero es cuando todo lo que decimos es exactamente lo que pretende ser, es decir, una baraja de cartas es una baraja normal, una moneda es solo una moneda y no hemos realizado ninguna técnica ni utilizado ni artilugios, gimmicks o fakes.

Por el contrario, una fase falsa será toda aquella donde lo que parece ser, no es realmente, y hemos utilizado de alguna forma un gimmick, un fake, una técnica o cualquier tipo de distracción verbal o no verbal.

Entonces podemos generar el siguiente cuadro resumen de todas las posibles rutinas en sus distintas fases:

	Fase Inicial	Desarrollo	Fase Final
1	Falsa	Falsa	Falsa
2	Falsa	Falsa	Verdadera
3	Falsa	Verdadera	Falsa
4	Verdadera	Falsa	Falsa
5	Falsa	Verdadera	Verdadera
6	Verdadera	Falsa	Verdadera
7	Verdadera	Verdadera	Falsa
8	Verdadera	Verdadera	Verdadera

Ahora, diremos que en el 99% de las rutinas de magia, la fase del desarrollo tiene alguna técnica, gimmick o fake, por ende, la gran mayoría de las veces, la fase de desarrollo es una fase falsa, por lo que para fines prácticos, resumiremos el cuadro anterior de la siguiente forma, que elimina todas aquellas fases de desarrollo verdaderas:

	Fase Inicial	Desarrollo	Fase Final
1	Falsa	Falsa	Falsa
2	Falsa	Falsa	Verdadera
3	Verdadera	Falsa	Falsa
4	Verdadera	Falsa	Verdadera

Teniendo ahora en consideración que las rutinas pueden tener fases verdaderas y falsas, y que para mí son todas posibilidades válidas, son de mi especial interés, aquellas rutinas verdaderas/falsas/verdaderas, ya que creo que son las que te dan mayor libertad performativa y a su vez mayor claridad para el espectador, ya que partimos con una situación 100%

real en donde el espectador si quisiera puede revisar todos los elementos, luego en la fase media realizamos todas las artimañas propias de una rutina, pero finalmente volvemos a quedarnos con una fase verdadera, en donde, si se desea, se le pueden dar a revisar todos los elementos al espectador, entregándole mayor valor mágico al final de la rutina.

Creo pertinente recalcar nuevamente, que todas estas preguntas son desde la composición en la intimidad de mis pensamientos y no desde lo que el espectador percibe.

La pregunta que se estarán haciendo es: ¿Por qué este tipo de rutinas son de mi especial interés? Y la respuesta es simple, para mí es de vital importancia que si vamos a utilizar un objeto trucado, en todo momento sea lo que aparenta ser, o al menos lo parezca. Justamente en el tema de la magia con esponjas, es un tema poco trabajado ya que la gran mayoría de los gimmicks que existen en esponjas se utilizan muy ligados al a vida externa, sin mucha cobertura y sin caer mucho en el trabajo estructural de lo que queremos mostrar al público.

Teniendo ya todas las piezas del puzle presentadas, me gustaría analizar la rutina que acabamos de ver, la cual tiene la estructura verdadero/falso/verdadero o por lo menos pretende tenerla, ya que si bien siento que el ideal de las rutinas debiese ser el verdadero/falso/verdadero, alguna veces basta solo acercarse lo más posible a esa estructura ideal.

Entonces, en 'Atención, percepción y memoria' empezamos en una fase verdadera, donde planteamos la situación inicial y mostramos una primera bola de esponja normal (verdadero), pero luego dentro de esa misma fase expositiva, al querer mostrar la segunda bola de esponja, ya hacemos la primera técnica, por ende estaríamos pasando a la fase del desarrollo y esta ya es falso. Sin embargo, para el espectador aún estamos en la fase inicial por que estamos mostrándole ambas esponjas como esponjas normales, a eso precisamente me refería a que se acercara lo más posible a la fase verdadera.

Luego viene toda una fase de desarrollo en donde estamos utilizando el gimmick de forma intermitente, sin que el espectador lo note y recalcando siempre la sensación inicial de que el espectador revisó ambas bolas del inicio para luego, después del clímax de la rutina, volver a una fase verdadera terminando con dos esponjas normales nuevamente.

Entonces el espectador queda con la sensación de haber tocado y revisado en todo momento las esponjas al inicio, al medio y al final, sin embargo, de forma astuta, todos los efectos que hicimos, estuvieron ligados a una bola trucada.

Este tipo de composiciones y análisis de las estructuras de verdadero/falso/verdadero lo podrás ver en casi todos los juegos que veremos en el libro, ya que para mí es de vital importancia que cuando realicemos juegos con bolas trucadas, el espectador no tenga opción alguna de pensar siquiera la existencia de un artilugio que pretende ser una bola.

Si quieres saber más al respecto sobre este análisis de estructuras de rutina, con otros usos y ligadas a otras temáticas e incluso ver rutinas con fase de desarrollo verdadero, puedes encontrarlo en otro de mis libros, titulado: "El Regalo, importancia y trascendencia en la vida del espectador", publicado por Cid Editorial el año 2019.

CAPÍTULO 3

SIEMPRE (ES) 3

Otro de los juegos clásicos y amado por todos aquellos que hacemos magia con esponjas, es el aclamado, bullado y vapuleado, pero no menos maravilloso 'Siempre Tres', un juego ampliamente conocido y utilizado más de alguna vez por casi todos los magos del mundo.

Para muchos de los juegos mostrados en este capítulo y libro en general, en especial en los 'siempre tres', los manejos son facilitados por un artículo llamado 'posa esponjas', que consiste en unas bases creadas para dejar las esponjas y así evitar que rueden por la acción del viento, la inclinación de la mesa o cualquier imponderable, facilitando el manejo de gimmicks y haciéndole la vida más fácil a los magos con esponjas al momento de manipular este juguetón elemento. Esto puedes fabricarlo o diseñarlo tu mismo o adquirirlo en distintas tiendas de magia.

Esta maravilla que es la magia con esponjas posee muchos conceptos interesantes de analizar sobre todo desde su composición interna, para ello revisaremos en primera instancia los dos tipos de estructura de 'siempre tres' que se utilizan con mayor frecuencia: la estructura mano/mano/bolsillo y la estructura bolsillo/mano/bolsillo:

Juego 5
Siempre tres clásico de dos a tres bolas

Se tienen tres bolas del mismo color en la mesa, dos van a la mano y una al bolsillo, gesto mágico y vuelven las tres a la mano. Repetimos, dos a la mano y una al bolsillo, gesto mágico y aparecen las tres en la mano. Por tercera vez se hace lo mismo, dos a la mano, una al bolsillo, gesto mágico y las tres aparecen en la mano. Finalmente, se pregunta cuántas tienes, te responden que una, que tres; pero muestras la mano y no hay ninguna.

Explicación: Para esta rutina se necesitan cuatros bolas de esponja de las cuales una irá como bola extra en empalme de dedos en la mano del mago.

Empezamos con tres bolitas en la mesa, se muestran; la mano con la bola escondida en empalme de dedos cae en la mesa en posición natural y con esa mano se toman dos bolitas que se juntarán con la tercera bola que ya está empalmada y se deja en la mano izquierda. La cuarta bola (tercera que se muestra en mesa) al dejarla en el bolsillo solo se simula dejar y se saca en empalme de dedos para dejar la mano en forma natural en la mesa. Con esto quedamos en la siguiente posición: Tres bolas en la mano cerrada y la cuarta empalmada.

La revelación genera la misdirection necesaria para que la mano que sale del bolsillo con la bola empalmada no tenga protagonismo ya que el efecto ocurre en la mano izquierda.

Con esto realizado, quedamos en la situación inicial, con tres bolas en la mesa y una en empalme de dedos para realizar esto nuevamente: dos bolas en la mano, se carga la tercera bola que está en empalme, se lleva la bola al bolsillo, se simula dejar, vuelve a salir en empalme de dedos, gesto mágico y se revelan las bolas. Así cada vez.

En la tercera fase se dejan las tres en la mano con las dos bolas de la mesa y la ya empalmada, pero la cuarta bola se deja en el bolsillo realmente. Ahora se da protagonismo para que el espectador vea la mano vacía para que su recuerdo sea que siempre mostraste la mano vacía.

En la última fase se toman las dos bolas, se hace un falso depósito con dos bolas como si fueran una, quedando estas en empalme de dedos, y al retirar la que queda en la mesa se descargan las tres en el bolsillo, con esto quedan las manos limpias para mostrar el final del efecto.

Juego 6
Siempre tres clásico de uno a tres bolas

Tres bolas sobre la mesa, la primera bola va al bolsillo, la segunda en la mano, la tercera al bolsillo. Gesto mágico y aparecerán las tres bolas en la mano. Se repite el efecto, una bola al bolsillo, una en la mano, una en el bolsillo, gesto mágico y estarán las tres en la mano. Nuevamente una al bolsillo, una en la mano y otra al bolsillo, gesto mágico y estarán las tres. Finalmente, bola al bolsillo, una en la mano, otra en el bolsillo, gesto mágico y las manos estarán vacías.

Explicación: Partimos con tres bolas en la mesa y una cuarta en el bolsillo, empezamos con manos limpias. La secuencia es bolsillo/mano/bolsillo. Tomamos la primera bola de la mesa y vamos al bolsillo. Lo que haremos es simular dejar la bola pero no la dejamos y además cargamos la bola extra que está guardada.

Salimos con empalme de dedos con las dos cargas. Mientras sacamos las bolas empalmadas que estaban en el bolsillo, llevamos la atención a la bola que está en la mesa, tomándola con al mano izquierda y pasándola a la mano derecha que es la que tiene las bolas empalmadas, tomándola con la punta de los dedos. Teniendo en cuenta que hay dos bolas empalmadas y una en la mano visible, se deja todo como si fuera una sola en la otra mano. Luego, tomamos la tercera bola lentamente, dejándola en el bolsillo, dando el énfasis en que se sale con la mano vacía, así se potencia el efecto de que siempre se tuvieron las manos vacías. Abrimos la mano y descubrimos las tres bolas que habíamos dejado.

Nuevamente quedamos en la fase inicial para hacer esto de forma cíclica, mano al bolsillo con la bola, tomando las dos, la bola de la mesa va a la mano dejando las tres pareciendo una, mano al bolsillo dejando realmente la bola, gesto mágico y aparecen las tres.

En la fase final, la primera se deja realmente, manos limpias, la segunda se deja en falso depósito y esa bola se deja en empalme de dedos mientras sacamos la tercera de la mesa para llevar las dos al bolsillo. Gesto mágico y no habrá nada.

Estos dos estilos de 'siempre tres', si bien parecen ser muy similares, en realidad tienen muchas diferencias en cuanto a su estructura interna y también su vida externa.

En ambos 'siempre tres' se utilizan cuatro bolas, de las cuales tres son visibles para el espectador y una cuarta que se utiliza en el método interno, por lo cual el espectador nunca sabe que existe. Sin embargo, en la estructura de mano/mano/bolsillo, debemos partir la secuencia con una bola empalmada en la mano (podemos tenerla desde siempre o cargarla en algún momento, pero sí o sí al iniciar la secuencia tiene que estar la bola oculta ahí), para luego dejarla secretamente junto a otras dos bolas de la mesa en la mano y dejar la tercera bola de la mesa en el bolsillo, donde solo simulamos dejarla pero salimos con la ahora cuarta bola oculta y empalmada en la mano.

Esto implica que al inicio y al final de la secuencia base tenemos una bola oculta en la mano, por lo cual teniendo en cuenta el análisis anterior de verdadero/falso/verdadero, tendríamos una estructura falsa/falsa/falsa, en cambio en la secuencia bolsillo/mano/bolsillo comenzamos con solo tres bolas en la mesa y las manos vacías, con una primera fase verdadera, luego al simular dejar la primera bola en el bolsillo, recuperamos la cuarta que teníamos guardada previamente en el bolsillo y junto a la segunda de la mesa, dejamos todo el bloque de tres esponjas simulando que son solamente una en la mano, para luego tomar la tercera bola de la mesa para dejarla realmente en el bolsillo. Por lo cual la fase final también será verdadera. Teniendo así una estructura verdadero/falso/verdadero.

¿Podemos concluir entonces que la estructura bolsillo/mano/bolsillo es mejor que la estructura mano/mano/bolsillo? La respuesta es no, ya que no necesariamente la estructura verdadero/falso/verdadero es mejor para todo, pues lógicamente depende de la estructura de cada juego. En este ejemplo de ambas estructuras de 'siempre tres', si bien la segunda tiene más fases verdaderas, en la primera (mano/mano/bolsillo), la situación es mucho más clara, dejo dos esponjas en la mano y me llevo una; mientras que en la otra es mucho más confuso, porque dejo una en el bolsillo, otra en la mano y nuevamente una en el bolsillo.

A su vez, podemos hacer un tercer análisis que tiene que ver más con la vida externa y el contraste que vive el espectador entre la situación inicial y la situación final y es que en la estructura mano/mano/bolsillo, el mago deja dos bolas en su mano y luego tiene tres, mientras que en la estructura bolsillo/mano/bolsillo, el mago deja solo una bola en la mano, para luego tener tres. Por ende el contraste en la situación inicial y la situación final es mayor y lógicamente el efecto gana potencia.

Como resumen, a mí parecer, la estructura bolsillo/mano/bolsillo es mejor en cuanto a tipos de fases, ya que tiene dos que son verdaderas y también tiene mayor potencia al tener más contraste entre la situación inicial y la situación final. La estructura mano/mano/bolsillo gana en claridad al tener una secuencia y una situación inicial mucho más clara y más fácil de seguir para el espectador, por ello creo que ninguna de las dos es mejor que la otra, sino que sencillamente son distintas y cada una se va a poner al servicio de lo que el mago requiera en ese momento en específico.

Sin embargo, sin ánimos de influenciar en tu decisión, como gusto personal, suelo utilizar para mis rutinas la secuencia bolsillo/mano/bolsillo por que en general me gustan más las estructuras verdadero/falso/verdadero. Pero eso, obviamente, ya queda al criterio de cada mago.

Cabe destacar, que ambas estructuras, casi de forma accidental o como efecto colateral intercambian una bola del bolsillo por una de la mesa cada vez que se repite la secuencia. Más específico aún, la cuarta bola (la del bolsillo) se intercambia por la tercera bola de la mesa, que es aquella que en ambas secuencias se deja cn el bolsillo en la última fase. Este factor es algo que pasa cada vez que hacemos la rutina pero no tenemos mucha consciencia de aquello por que es algo que pasa de manera automática y es poco perceptible sobre todo en rutinas donde las cuatro esponjas son del mismo color.

Sin embargo, si hiciéramos un ejercicio para entender mejor ésto, podríamos comenzar la rutina con una bola amarilla, dos bolas rojas y en el bolsillo una bola azul y si hacemos la rutina de la secuencia bolsillo/mano/bolsillo, tomaríamos una de las bolas rojas y al simular ir a dejarla al bolsillo, tomaríamos la bola azul, para luego tomar la segunda roja que está en la mesa y dejar todo el bloque rojo/rojo/azul en la mano como si fuera solo una bola roja y luego la última bola de la mesa, la amarilla, la dejaríamos en el bolsillo.

Fig. 26

Situación inicial

Fig. 27

Situación final

Al abrir la mano, tendríamos ahora dos rojas y una azul, con este pequeño experimento es fácil identificar que tenemos una bola del bolsillo, en este caso la azul, que se está intercambiando por la tercera bola de la mesa, que en este caso es amarilla y ya teniendo en consideración y siendo conscientes que esto ocurre, podemos utilizarlo como un elemento más dentro de la composición de nuestras rutinas. [Ver fig. 26, fig. 27].

En mi experiencia personal, este factor, es un muy buen elemento a utilizar, ya que ni siquiera nosotros mismos tenemos mucha consciencia de que esto ocurre, es como algo que pasa en la vida interna de la propia vida interna, por ende, es prácticamente imposible que un espectador llegue a pensar siquiera en que estamos utilizando este factor dentro de las rutinas.

Dicho esto, utilizando esta reflexión tanto de color como de la vida interna de este juego, cree una versión del 'siempre tres' clásico, la cual aprovechando estas oportunidades bauticé como:

Juego 7
El semáforo

Tenemos tres bolas en la mesa, una verde, una amarilla y una roja, los colores del semáforo. Evidentemente, con la verde avanzamos, con la amarilla seguimos solo con precaución y con la roja nos detenemos. Empezaremos con la verde siendo la primera protagonista.

Dejamos la verde un poco más adelante, la amarilla la retiramos al bolsillo, la verde la dejamos en la mano y la roja al bolsillo. ¿Qué hacemos si tenemos la verde? Avanzamos. Seguimos con la verde, la amarilla y la roja que estarán las tres en la mano.

Continuamos con la amarilla. Retiramos la verde al bolsillo, dejamos la amarilla en la mano y la roja en el bolsillo, todo esto muy lento, con precaución, ya que estamos en amarillo. Todos sabemos que si nos da el tiempo, cuando el semáforo está en amarillo, avanzamos, así que mostraremos que tenemos las tres en la mano.

Esta vez la roja será la protagonista, la verde la retiramos, la roja en la mano, la amarilla la retiramos. ¿Qué hacemos si tenemos la roja? Paramos, por lo que mostramos la mano y no tenemos nada, dejamos el juego hasta acá.

Explicación: Necesitamos tres bolas: Verde, amarilla y roja y además una roja extra. Es importante que la roja siempre tiene que estar en la tercera posición de cara al público ya que siempre estaremos intercambiando una roja por otra roja.

Comenzamos con los tres colores, adelantamos la verde, la amarilla la retiramos al bolsillo pero en realidad no la retiramos, la dejamos en empalme de dedos y además al simular dejar la amarilla, tomamos también la roja extra, salimos con la amarilla y la roja en empalme, que al tomar la verde y dejarla en la mano, cargamos las otras dos también. La roja de la mesa la retiramos de forma muy clara.

Decimos que con la verde avanzamos y mostramos las tres bolas: Verde, amarillo y rojo. En esta misma posición, la amarilla será la protagonista, hacemos la misma secuencia, pero esta

76

vez más lento, como el amarillo. Dejamos la verde en el bolsillo, sacamos en empalme la verde y la roja, dejamos la amarilla en la mano depositando las tres y la roja muy claramente al bolsillo. Decimos que si nos da el tiempo y tenemos el amarillo, seguimos y mostramos las tres.

En la tercera fase la roja es la protagonista. En esta se tienen que ir todas, así que la amarilla se va de verdad al bolsillo, con la roja se hace un falso depósito y tomamos la verde teniendo la roja en empalme de dedos y llevamos todas al bolsillo. Si nos da la roja paramos, mostramos que no tenemos nada y dejamos el juego hasta acá.

En la rutina del semáforo encontramos algunos conceptos previos que ya tratamos en el libro como la compresibilidad propia del material, muy utilizada en la vida interna, la estructura del verdadero/falso/verdadero y más importante aún la teoría de colores, ahora teniendo consciencia de cuál bola de la mesa se está intercambiando por la del bolsillo. En esto, el mayor valor que tiene es la individualización de la bola de esponja, dándole una mayor cobertura al método desde la vida externa y asociando una característica ficcional distinta a cada uno de los colores.

Sin embargo, aún no exprimimos el máximo potencial del cambio de bola que ocurre cada vez que hacemos la secuencia del 'siempre tres', es por ello que ahora veremos la versión que realmente uso frente a público del juego del semáforo, ya que si bien la versión del semáforo que acabo de explicar funciona, carece de algunos valores que sí tiene la versión del semáforo que veremos a continuación:

Juego 8
El semáforo (con gimmick)

Este juego es similar al anterior en cuanto a la presentación pero con un cambio en la párte técnica y por sobre todo en la vida interna que hace que el espectador lo perciba de una forma diferente y lo viva distinto en la vida externa.

Bolas de tres colores distintos, verde, amarillo y rojo, colores del semáforo.

Con el verde, seguimos. Con el amarillo vamos lento y con precaución, más claro imposible. Y con el rojo paramos y dejamos el juego hasta aquí.

Explicación: Para este juego necesitamos una bola roja normal, una verde normal y una amarilla normal, en ese orden de cara al espectador. Además, necesitamos una bola roja y verde normales y una amarilla de volteo gimmick amarilla/amarilla. Para setear se toma la roja y la verde y se dejan dentro de la bola de volteo gimmick para así tener una amarilla que simula ser normal, esto va al bolsillo.

Empezamos con las tres bolas normales que se pueden dar a revisar, en la primera fase cambiamos de posición la amarilla con la verde para dejar la verde adelante, dejando la verde de protagonista. [Ver fig. 28, fig. 29].

La roja primero simulamos dejarla en el bolsillo, pero en realidad la sacamos en empalme de dedos junto a la bola gimmick amarilla/amarilla. Mientras sacamos la mano del bolsillo vamos con la atención a la otra bola tomando la verde con la mano izquierda para luego pasarla a la derecha. Con la verde en la mano que tiene las bolas empalmadas dejamos el conjunto de la bola roja, amarilla y verde en la otra mano simulando solo ser la verde y luego sacamos la amarilla normal de la mesa dejándola en el bolsillo.

Decimos que si tenemos verde avanzamos y dejamos las tres bolas (dos normales y una gimmick) en la mesa, dejando la amarilla al medio, ya que vamos a usar esa.

Fig. 28

Situación inicial (orden real del semáforo)

Fig. 29

Primera fase (verde en el centro siendo protagonista)

Segunda fase, lento y con precaución, tomamos la bola roja, la dejamos en el bolsillo, salimos sin carga y lo mostramos claramente. Tomamos la bola gimmick y lento y con precaución la dejamos en la mano haciendo el pase clásico de bola/cubo haciendo el volteo para liberar las dos bolas y pasar las tres a la mano, la verde la llevamos al bolsillo. [Ver fig. 30, fig. 31].

Con la amarilla todos sabemos que si tenemos tiempo, avanzamos rápido y mostramos la roja, la verde y la amarilla, dejando la roja al medio y la amarilla a mano derecha para descargarlo lo antes posible.

Última fase, la roja. Tomamos la amarilla, la dejamos en el bolsillo, ahora ya estamos libres de gimmick, así el gimmick está lo menos posible en mesa, luego la roja la empalmamos con falso depósito y la verde la retiramos al bolsillo descargando el empalme de la mano. Con el semáforo en rojo paramos y terminamos el juego.

La versión de 'el semáforo' con gimmick, es una de mis rutinas favoritas, ya que presenta distintos elementos a nivel estructural y teórico que resume conceptos que hemos visto a lo largo del libro. Al mismo tiempo todos esos conceptos apuntan a potenciar la experiencia mágica.

Otra variante del 'siempre tres' que es muy simple y efectivo, pero que a veces me da un poco de estrés, es el juego que nombré 'siempre estrés', que viene del estudio de la versión clásica con tres bolas rojas. Muchas veces me pasó, como sé que le ha pasado a más de uno de ustedes, que en la fase más avanzada del juego la gente ya intuye que al abrir la mano habrá tres, e intentan adivinarlo, contestando a la pregunta '¿Cuántas bolas hay en mi mano?' respondiendo: 'uno', seguros de haber visto una bola en la mano, mientras otros responderán 'tres' adelantándose a la revelación del juego, aunque no sepan por qué están esas bolas.

Es por eso que tomándome de esa premisa y tratando siempre de generar sorpresa en el espectador, nace la siguiente variable del 'siempre tres' clásico, con ustedes: 'Siempre estrés'.

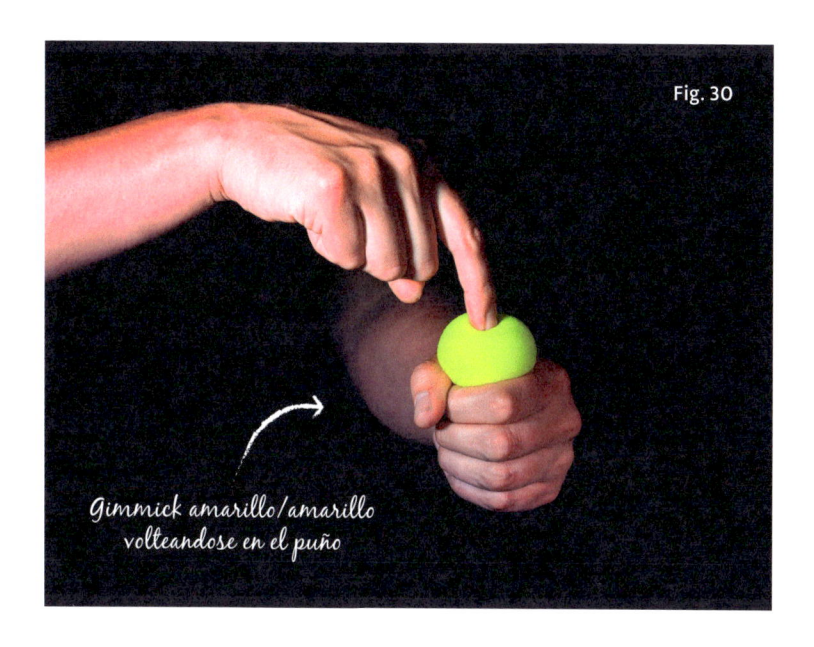

Fig. 30

Gimmick amarillo/amarillo volteandose en el puño

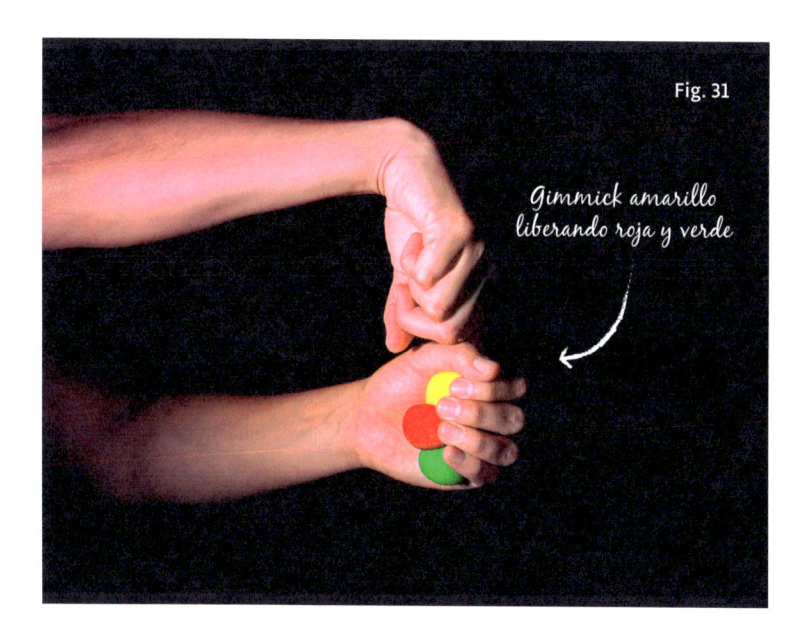

Fig. 31

Gimmick amarillo liberando roja y verde

Juego 9

Siempre (es) 3

Decimos que queremos mostrar un juego que nos causa estrés. Señalamos que tenemos tres bolas de color rojo, que siempre son tres, pero nos causa estrés. Primera bola al bolsillo, segunda en la mano y la tercera en el bolsillo. Decimos que no entendemos pero que nos da estrés porque siempre son tres, mostrando que tenemos las tres bolas rojas en la mano. Se repite, primera al bolsillo, segunda en la mano, tercera al bolsillo. Preguntamos cuántas tenemos en la mano, cuando nos dicen una mostramos que son tres. Sabemos que genera estrés así que lo hacemos de nuevo, una al bolsillo, otra en la mano, otra al bolsillo, preguntamos cuántas tenemos en la mano, el público puede que responda que tenemos tres producto de que ya hemos hecho esta fase dos veces y decimos que tienen razón, pero que en este caso son tres amarillas y mostramos que en la mano tenemos tres bolas amarillas y eso, obviamente, nos genera estrés. Al repetir nuevamente la experiencia terminamos el estrés ya que al abrir la mano no habrá ninguna.

Explicación: Para este juego necesitamos cuatro bolas rojas normales, dos amarillas normales y un gimmick amarillo/rojo, dejamos las dos bolas amarillas dentro del lado amarillo del gimmick quedando con una bola roja que adentro tendrá tres amarillas (dos amarillas y el volteo del gimmick que es amarillo). Eso lo dejamos en el bolsillo junto con la bola extra roja normal.

Partimos haciendo el siempre tres clásico de uno a tres con la secuencia bolsillo/mano/bolsillo. Primera bola al bolsillo, se toma la extra normal y salimos con las dos empalmadas. La bola de la mesa se deja en la mano junto con las dos empalmadas, y la tercera al bolsillo.

En la segunda fase hacemos lo mismo pero al ir al bolsillo con la primera, en vez de sacar la bola extra normal, vamos a tomar el gimmick, y junto con la normal la sacamos empalmada, la bola de la mesa va a la mano, dejamos las tres y la tercera la retiramos. Quedamos en el bolsillo con dos normales rojas y en la mano con dos rojas y una gimmick. Mostramos que tenemos tres bolas rojas y nos preocupamos de dejar en el centro la bola gimmick con las amarillas dentro.

Muy claro, la primera la retiro al bolsillo, la segunda va a la mano, haciendo el movimiento clásico de volteo bola/cubo o si se prefiere el volteo a una mano, liberando las tres amarillas y la tercera la retiramos. Cuando la gente diga que tenemos tres, decimos que tienen razón pero en este caso son tres amarillas. [Ver fig. 32].

El juego puede terminar aquí pero también se le puede hacer una cuarta fase en la que retiramos la primera bola de forma real, la segunda hacemos falso depósito y en la tercera liberamos todo para tener las manos limpias y que ya no haya nada en la mesa, terminando el juego con una desaparición final.

Sin embargo, este no es mi 'siempre tres favorito', sino el juego que les presentaré a continuación, que al igual que 'el semáforo', posee cosas interesantes en el análisis, con ustedes 'DéJà Blue':

Fig. 32

Juego 10
Déjà blue

Antes de comenzar con este juego quiero preguntar, ¿saben lo que es un DéJà Vu? Un DéJà Vu para los que no lo han oído nunca es cuando ves algo que crees haber visto antes, por ejemplo estas tres pelotitas. Se muestran tres pelotas naranja. Se deja la primera bola en el bolsillo, la segunda en la mano y la tercera al bolsillo. Se pregunta si se saben lo que es un DéJà Vu, un DéJà Vu es cuando ves algo que crees haber visto antes, por ejemplo, estas tres bolas, se muestran las tres en la mano y posteriormente se dejan en la mesa.

La primera, al bolsillo, la segunda a la mano y la tercera al bolsillo. ¿Saben lo que es un DéJà Vu? Es cuando ven algo que creen haber visto antes, por ejemplo, estas tres bolitas. Se muestran en la mano y se dejan las tres en la mesa.

La primera bola, al bolsillo, la segunda a la mano, la tercera al bolsillo. ¿Saben lo que es un DéJà Blue? ¿No? Es cuando ves algo pero este algo, 'es ya blue' y se muestran que en la mano hay tres bolas y que ahora son azules. Se dejan las tres bolas que ahora son azules, en la mesa.

La primera bola al bolsillo. La segunda a la mano, la tercera al bolsillo. ¿Sabes lo que es un BuJa De? Yo tampoco porque es algo que ya olvidé. Se muestra la mano y no tendremos nada.

Explicación: Para este juego necesitamos dos bolas azules normales, cuatro bolas naranja normales, una bola gimmick naranjo/naranjo y una bola gimmick naranjo/azul. El seteo es: Se toman las dos bolas normales azules y se dejan en el gimmick naranjo/azul por el lado azul y se meten dentro, exponiendo el lado naranjo.

Se mete bien adentro y se cierra la abertura. Luego se toma una naranja normal y se deja arriba de la abertura y luego todo esta conjunto, por el lado de la bola normal se mete dentro del gimmick naranjo/naranjo. Eso va al bolsillo. [Ver fig. 33 - fig. 35].

Se parte con las tres naranjas normales, primero hacemos una secuencia clásica de siempre tres, primera al bolsillo, se toma el

Fig. 33

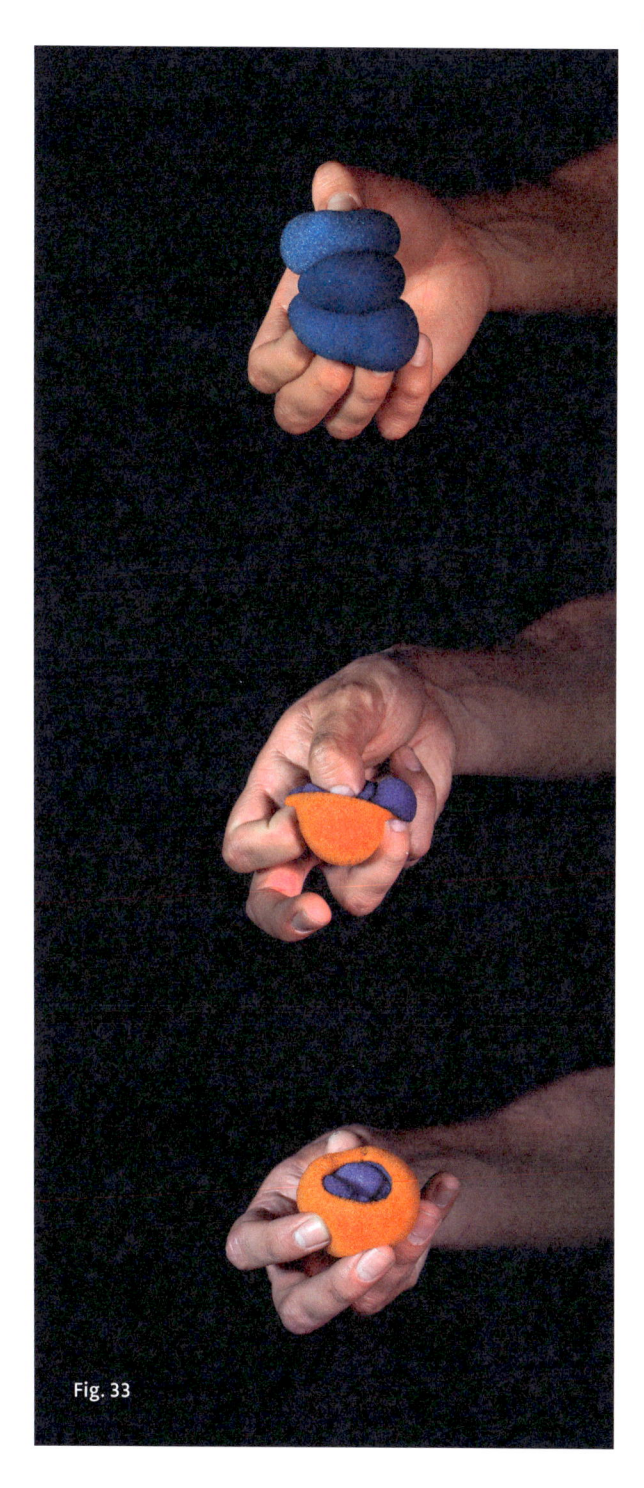

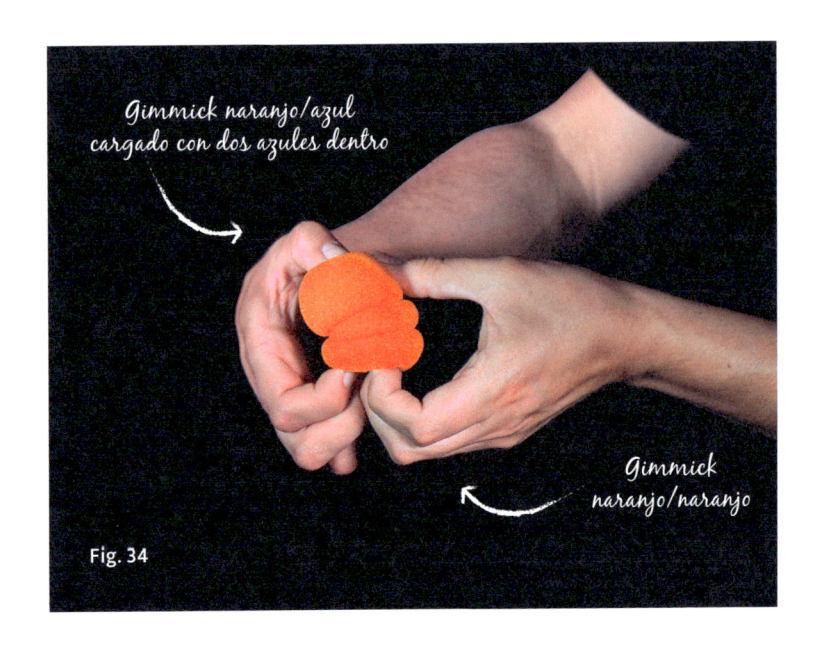

Gimmick naranjo/azul
cargado con dos azules dentro

Gimmick
naranjo/naranjo

Fig. 34

Fig. 35

gimmick en empalme de dedos junto con la que simulamos llevar al bolsillo, la siguiente bola a la mano y junto a las del empalme se dejan las tres, la tercera al bolsillo.

'DéJà Vu', mostramos que tenemos las tres naranja, dejando el gimmick en el centro de las tres naranjas.

La siguiente fase dejamos la primera en el bolsillo, la segunda de la mesa la tomamos y en el cambio de una mano a otra liberamos el gimmick con las tres naranjas, con el volteo a una mano. La tercera bola de la mesa va al bolsillo. [Ver fig. 36, fig. 37].

'DéJà Vu', se vuelven a mostrar las tres bolas que acaban de salir del gimmick y se dejan en la mesa en este orden: gimmick naranjo/naranjo, gimmick naranjo/azul y bola normal, de derecha a izquierda. Primero se toma el gimmick naranjo/naranjo, se deja en el bolsillo realmente, se toma el gimmick naranjo/azul y al igual que en la fase anterior, se realiza un volteo a una mano liberando las tres bolas azules que tiene dentro. La tercera bola naranja va al bolsillo.

Ya con las tres azules en la mano se pregunta si se sabe lo que es un DéJà Blue, es cuando 'es ya blue', se muestran las tres azules, dejando el gimmick en el lado más a la derecha para descargarlo lo antes posible.

En la fase final, se deja la primera azul (el gimmick) en el bolsillo, la segunda, falso depósito y con esa empalmada se toma la tercera azul y se dejan ambas en el bolsillo. 'VuJa De es algo que ya olvidé' mostrando las manos vacías.

En esta secuencia se puede hacer un cambio. La segunda bola azul que se guarda en vez de ser normal, puede ser una bola de volteo black art, entonces al tomarse esa bola, se voltea en la mano y al mostrar la tercera, la segunda se puede descargar, para guardar la tercera y tener las manos finamente limpias. Más detalles de esto en el capítulo especializado en black art.

Este capítulo dedicado al estudio y análisis del clásico 'siempre tres' me interesa de sobremanera ya que de cierta forma representa el espíritu del libro y por ende, de mi forma de ver la magia con esponjas en la búsqueda de "volver a no saber".

Fig. 36

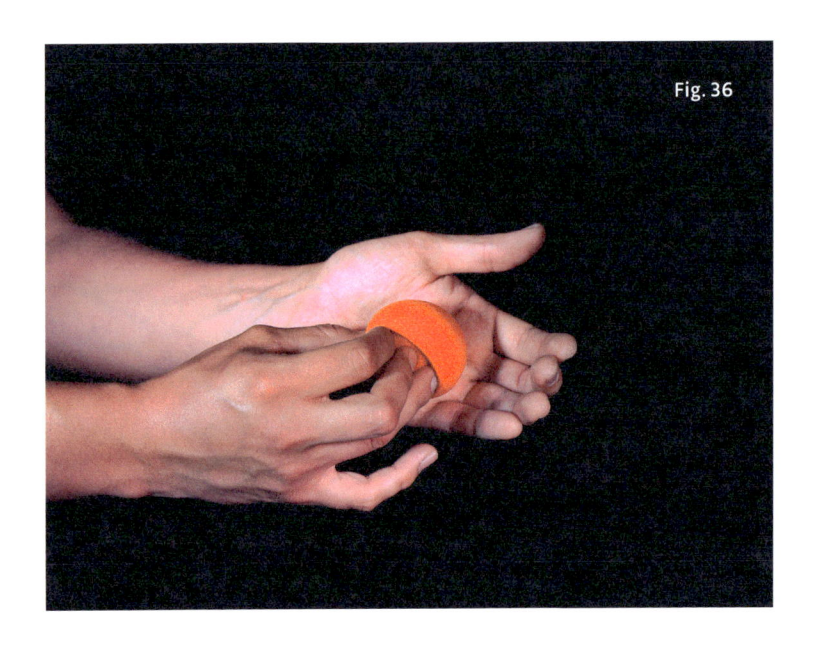

Fig. 37

En el análisis y teorización sobre lo que hacemos una y otra vez, podemos ver que incluso algo tan simple y clásico como el 'siempre tres', esconde mucho más valores que los que creemos que tiene realmente.

Entre horas y horas de buscar en los mismos lugares, se pueden descubrir cosas que nos abren pequeñas puertas para nuevos juegos, nuevos efectos y sobre todo, más importante aún, para nuevas sensaciones y experiencias de nuestro público.

Por todo esto, espero sinceramente y de todo corazón, que nunca más sean solo tres.

CAPÍTULO 4
BOLA TRIPLE

Este capítulo es un poco menos teórico, ya que de hacer la referencia a cada una de las teorías implícitas ligadas a lo que veremos a continuación, sería necesariamente echar mano a lo visto en capítulos anteriores en cuanto a estructura, teoría de colores, compresibilidad, etc.

Es por ello que para hablar de la bola triple o, como se conoce comercialmente, la 'Super Multi Ball', les contaré sobre cómo llegué a esta idea, las implicancias que tuvo su fabricación y por supuesto sus aplicaciones.

En cuanto a cómo llegué a la idea, debo decir que al haber comenzado a trabajar con bolas de volteo simples (solo dos colores), no fue un ejercicio muy complejo llegar a pensar si existía la posibilidad de agregar un tercer e incluso un cuarto color o, mejor ¿cuántos colores pueden entrar bajo el mismo principio dentro de una sola bola de esponja? Así comienza un periodo de prototipos y experimentación, fabricando bolas con más de un color. Más allá de la pregunta, si formalmente se podían agregar más colores, por que ya pronosticaba que sí se podría, las pruebas irían más enfocadas al uso real, en contexto de espectáculo con público, de este tipo de bola.

Luego de esas pruebas, me doy cuenta que si bien se pueden utilizar más colores, en el uso real del día a día del mago más de tres colores es realmente un exceso y se dificulta exponencialmente su manipulación mientras más colores estén en la bola.

Es así como llego a centrarme en la experimentación de la bola de tres colores y sus posibles usos. Una vez tomada la decisión de usar este tipo de bola, llega un proceso de prototipos para llegar a una fabricación que sea lo más profesional y duradera posible, ya que siempre he pensado que todos los gimmicks y juegos que realizo, comienzan desde la base que van a ser utilizados en un contexto de magia profesional, con situaciones reales y con el uso propio de un mago que actúa constantemente con público.

Fue así como pasé años intentando llegar a un prototipo profesional y en paralelo con otros que no eran tan buenos como el gimmick que hoy se comercializa. Desde ahí comienzo ya a probar ideas y a usarlas en la intimidad de mi hogar y tímidamente empiezo a utilizarla en los primeros espectáculos.

Siempre me pareció increíble como concepto que una simple bola de esponja pudiera tener tres colores distintos y a su vez, que esos tres colores, funcionaran como tres espacios disponibles para carga y descarga.

Fue en el año 2018 en un viaje al congreso MagiaAlDía, en la ciudad de Vitoria, España, en que conozco a dos de mis grandes amigos de la magia con esponjas, Xulio Merino y Víctor Noir y en esa bella jornada, compartiendo magia hasta altas horas de la madrugada, es cuando Víctor me muestra que él también tiene una versión propia de la bola triple, con la cual también ha llegado a maravillosas conclusiones y que los invito encarecidamente a revisar ese trabajo.

Como les decía al inicio, llegar a una bola triple, si es que ya se tiene en el repositorio mental el uso de bolas dobles, no es tan complejo y es por ello que tanto yo en Chile, Víctor en España y Bizzaro en Estados Unidos, habíamos llegado, incluso sin conocernos, al mismo concepto de una bola de esponja con tres colores distintos.

Fue en aquel encuentro con mi amigo Víctor donde llega la pieza final que me faltaba para completar el puzle, ya que en aquel entonces la terminación de mi bola era con un pegamento específico para poliuretano expandido que si bien, funcionaba los primeros años, con el paso del tiempo se endurecía por completo y dejaba el borde de la bola sin elasticidad, por lo que la bola dejaba de ser útil. Es en ese momento donde compartiendo distintos prototipos y formas de fabricación, Víctor me comenta una genial idea que utiliza para sus bolas, y es que en vez de usar pegamento, hace una costura con hilo elástico que permite que la bola nunca pierda su elasticidad. Este procedimiento está publicado en su DVD, 'The Expert Sponge Ball'.

Yo tomé esa idea y le di una última vuelta desde el diseño industrial y logré tener por fin una bola de buena calidad que dura y aguanta el uso que debería tener cualquier producto de magia. Es así como después de tener por casi quince años una idea en mi cabeza, logro generar un producto que después de muchos prototipos, filtros y pruebas, me atreví a compartir a gran escala en el mundo de la magia.

Luego de todo este contexto, esta bola se puede definir más que como un nuevo juego, como una nueva herramienta multifuncional para la magia con bolas de esponja. Consiste básicamente en una bola de cambio de color triple: Rojo, verde y azul en una misma bola, utilizando la misma mecánica del gimmick doble, que al mismo tiempo te permite agregar bolas extra para hacer multiplicaciones, divisiones de color, descomposiciones a colores primarios, cargas de múltiples objetos como pañuelo de seda, dados y monedas.

Una nueva bola gimmick que abre un sinfín de posibilidades visuales: Pintajes a manos limpias sin cargas extra, multiplicaciones con las manos limpias muy visuales, entre otros. [Ver fig. 38, fig. 39].

Entendiendo ya la historia y funcionalidad del gimmick, paso a explicar, algunos de los juegos que creé con él:

Fig. 38

Fig. 39

Juego 11
Bola roja, azul y verde

Tenemos una bola roja, con un movimiento mágico pasa a bola verde y con otro movimiento, con las manos limpias, pasa a ser una bola azul.

Explicación: Para este juego solo necesitamos la 'Súper Multi Ball'. El único seteo que necesitamos hacer es decidir cual será la secuencia en que aparecerán los colores. En este caso, por ejemplo, lo haremos de rojo a verde y de verde a azul. Para eso tenemos el lado rojo expuesto, el lado azul abierto y la pestaña intermedia entre el rojo y el azul, va un poco más abajo que la pestaña externa del color que vamos a hacer aparecer al final (en este caso el azul).

Hacemos primero el primer pintaje, de rojo a verde, idealmente el primer pintaje va con cobertura y posteriormente revelamos que no hay nada en la mano para alejar la atención del gimmick. Luego, ya que la pestaña interior estaba un poco más abajo, ahora quedará abierta más arriba pero seguirá abierto el lado rojo (del que veníamos) pero como tenemos la pestaña, podemos moverla hacia el otro lado y abrir más el color azul. [Ver fig. 40 - fig. 42].

Ya con el color azul abierto hacemos nuevamente el pintaje a una mano, esta vez solo con un movimiento, sin cobertura, de forma más visual, para quedar finalmente con una bola azul.

Fig. 40

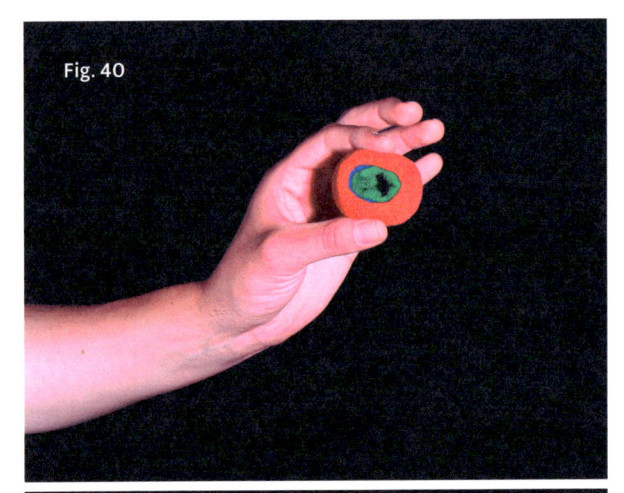

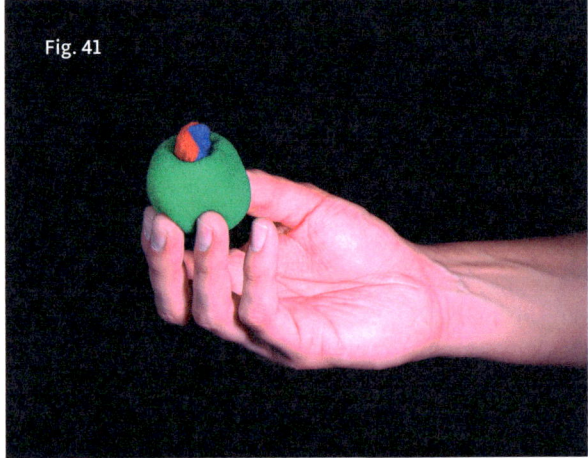

Fig. 41

Fig. 42

Juego 12

Daltonismo

Se hace aparecer una bola roja y se pregunta si es que saben que si hago aparecer una bola roja, un daltónico la vería. Se pregunta si hay algún daltónico en la sala, todo por cortesía, ya que sabemos que vería la bola roja. Pero, si la bola roja cambia a otro color, por ejemplo el verde, el daltónico no lo vería. Tomamos la bola y se transforma en verde. ¿Por qué? Por que el rojo es un color primario, pero el verde es un color secundario compuesto de dos colores, el azul y el amarillo, en ese momento la bola verde se transforma en dos bolas, una azul y una amarilla respectivamente.

Explicación: Para esto necesitamos la bola triple y una bola extra amarilla normal. Partimos por el lado azul y dejamos la bola amarilla dentro de la bola azul hacia el lado rojo, dejando un poco más abierto el lado verde. Al igual que en el juego anterior, la pestaña intermedia entre los dos colores ocultos debe ir un poco más abajo que los colores de la bola. [Ver fig. 43, fig. 44].

Partimos con el rojo, pintaje de una mano con cobertura para que aparezca el verde, como la pestaña intermedia estaba más abajo, ahora sobresaldrá el color que nos toca, eso nos permitirá abrir más por el lado azul para preparar el segundo movimiento, que es voltear la bola por el lado azul, pero esta vez se liberará además la bola amarilla que tiene dentro, a lo que con nuestra otra mano iremos a recibirla y mostraremos el azul y el amarillo.

Fig. 43

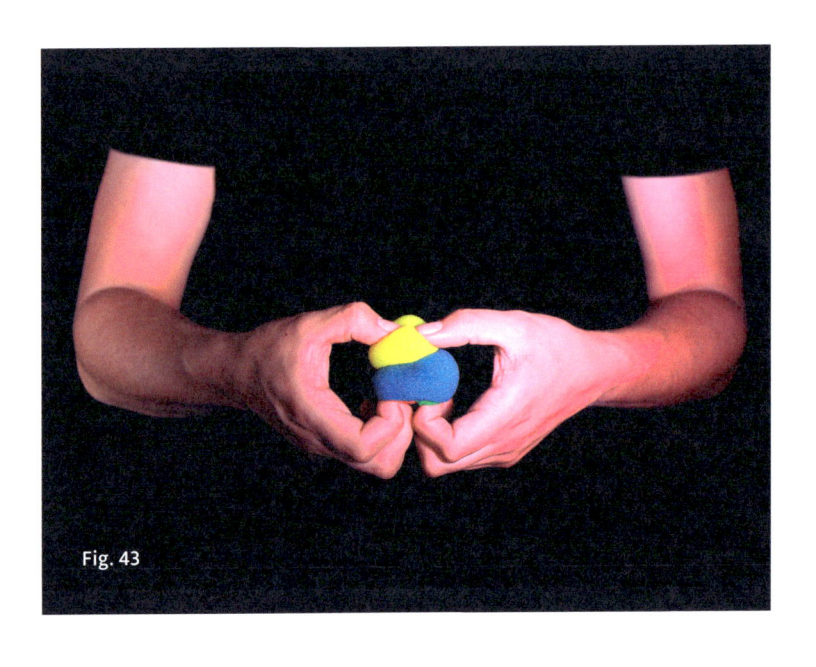

Fig. 44

Juego 13
Triple cambio doble bola

Mostraremos una bola azul que se duplicará en dos bolas azules, que si juntamos y soplamos, se transformarán en dos bolas rojas, a lo que si juntamos y soplamos nuevamente se transformará en dos bolas verdes.

Explicación: Para esto necesitamos una bola verde, una roja y una azul normales además de la 'Super Multi Ball'.

Ponemos la bola triple por el lado verde, añadiéndole la bola verde extra, comiéndose la bola y dejándola por el lado rojo, de tal forma que el lado verde quede con una bola de su mismo color dentro. Luego hacemos lo mismo por el lado rojo, dejando la bola roja y volteándolo por el lado azul. De esa forma nos queda el lado rojo con una roja extra, el lado verde con un una bola verde dentro y el lado azul mostrándose.

Lo importante al momento de setear es que vamos a dejar el lado rojo abierto, que es el segundo color que va a aparecer, y la pestaña interior tiene que ir un poco más abajo del color que aparecerá en tercera posición, en este caso el verde.

Partimos con dos bolas azules, hacemos aparecer la bola normal para mostrarla, teniendo en empalme la bola gimmick. Luego duplicamos, hacemos la técnica de volteo en el lado que tengamos abierto. En el momento en que juntamos las dos bolas, con el pulgar, metemos la bola normal azul dentro y liberando la roja junto con el lado rojo del gimmick. Al hacer esto, con la otra mano recibimos la bola roja extra. Al voltear, corremos la pestaña para abrir más el lado verde y repetimos el proceso, escondemos la bola normal con el pulgar dentro del gimmick y con la otra mano recibimos la bola extra para liberar las dos verdes. [Ver fig. 45 - fig. 47][Ver fig. 48 - fig. 50].

Fig. 45

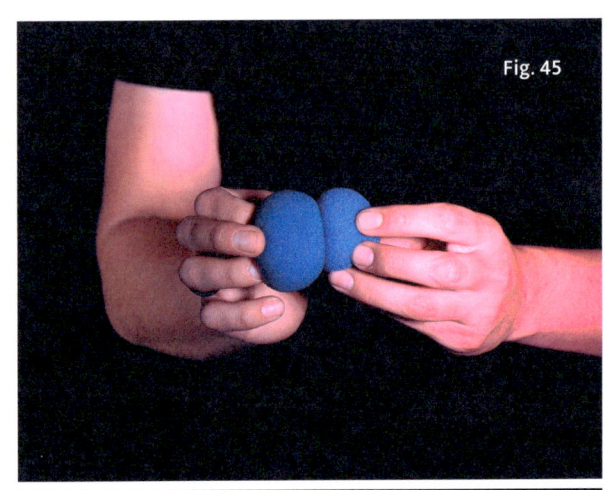

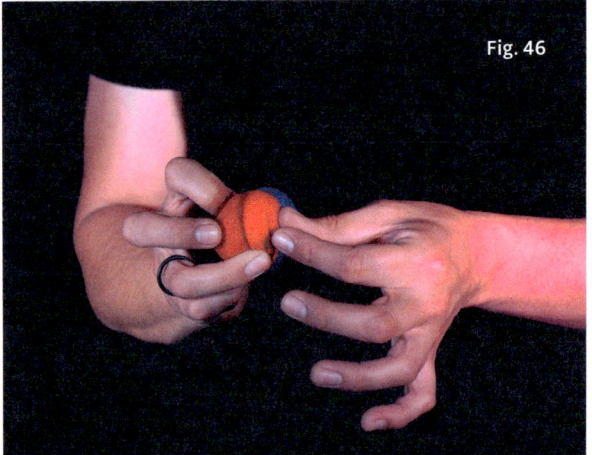

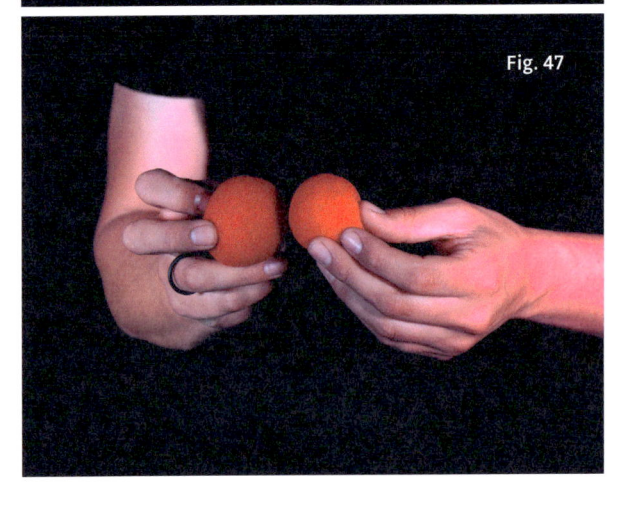

Fig. 46

Fig. 47

Fig. 48

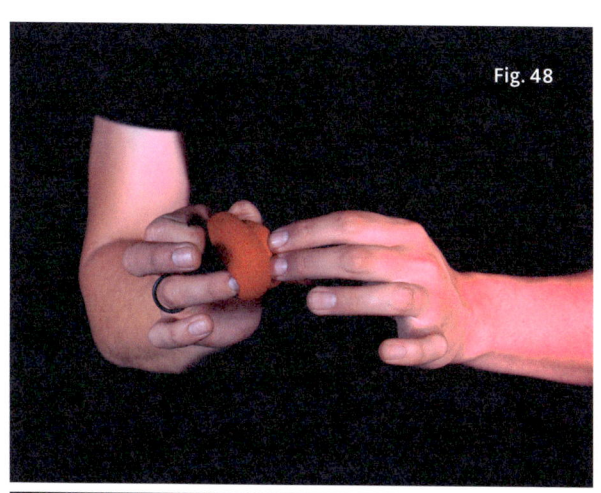

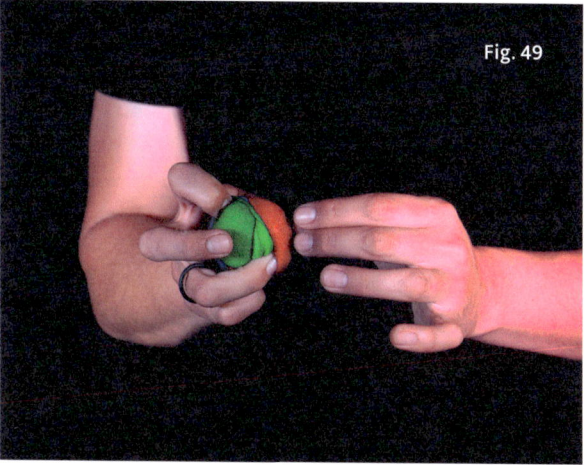

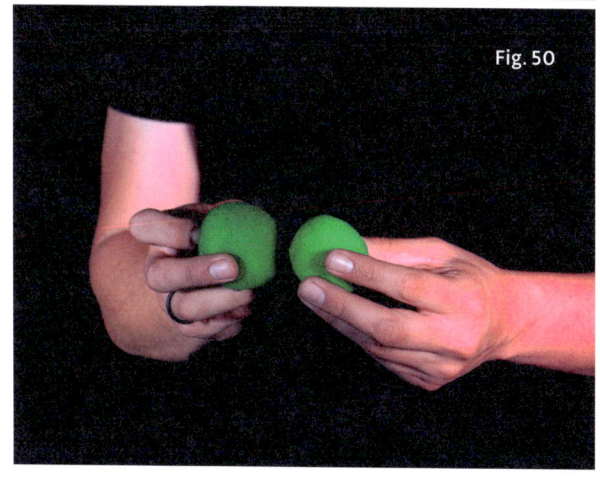

Fig. 49

Fig. 50

Juego 14
Pintaje doble revisado por el espectador

Le mostramos una bola roja para que el espectador la revise, luego la azul que también la puede revisar, ambas son normales. Luego de que las revise, juntamos ambas bolas y se transformarán en dos bolas verdes, que también se le dará a revisar al espectador.

Explicación: Para esto necesitamos una bola verde, una roja y una azul normales y la bola triple. Lo que haremos primero es abrir por el lado verde el gimmick, tomando la verde y metiéndola en ese lado, al voltear la bola gimmick abrimos el lado azul e introducimos una roja y volteamos el gimmick dejándolo por el lado rojo, en este caso, igual que en el juego anterior, dejaremos una bola en cada lado, pero en esta oportunidad el verde va con el verde pero el azul va con el rojo. Dejaremos la pestaña interior abierta por el lado azul y más abajo del verde. [Ver fig. 51 - fig. 53] [Ver fig. 54 - fig. 56].

Mostramos la bola azul, teniendo la bola roja ya seteada para hacer el volteo a una mano, cuando el espectador nos pase la bola azul hacemos el pase explicado en el capítulo del 'dicromatismo (atención, percepción y memoria)' [Ver pág. 51], en donde la bola azul es comida por el lado rojo, liberando la otra roja y cambiándose por la azul, ahí damos a revisar la bola roja, que se albergaba en el lado azul del gimmick.

Mientras el espectador revisa la bola roja, corremos la pestaña para dejar seteado el cambio al lado verde, cuando nos devuelve la bola juntamos roja y azul y abrimos por el lado verde, para que se libere la bola que está dentro del gimmick. Acá podemos hacer una última muestra en donde el espectador revisa la bola verde normal y cuando le pasemos la otra, que es el gimmick, hacemos un cambio de una bola por la otra para hacerle revisar la misma, dando la sensación de que el espectador ha revisado ambas bolas.

Fig. 51

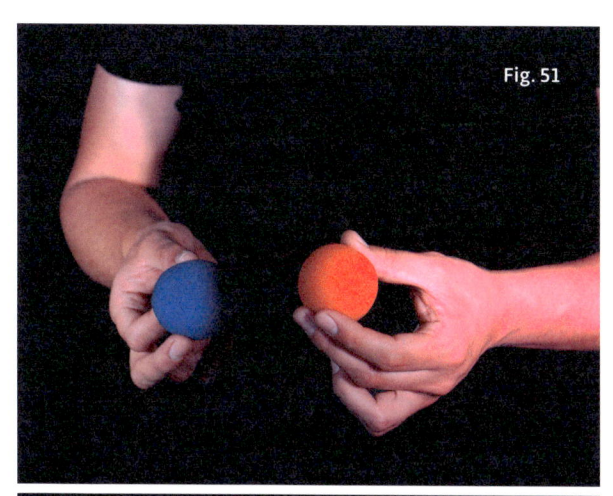

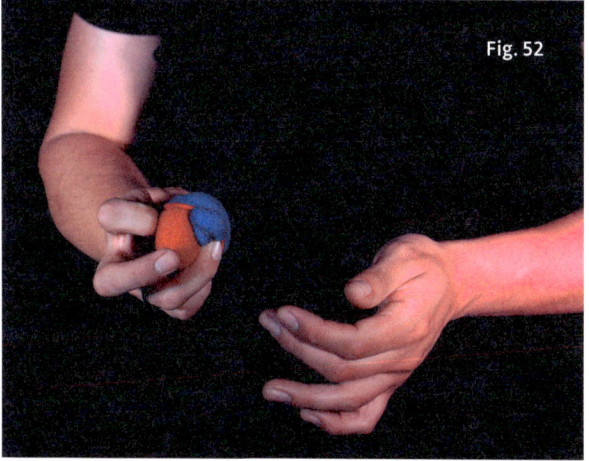

Fig. 52

Fig. 53

Fig. 54

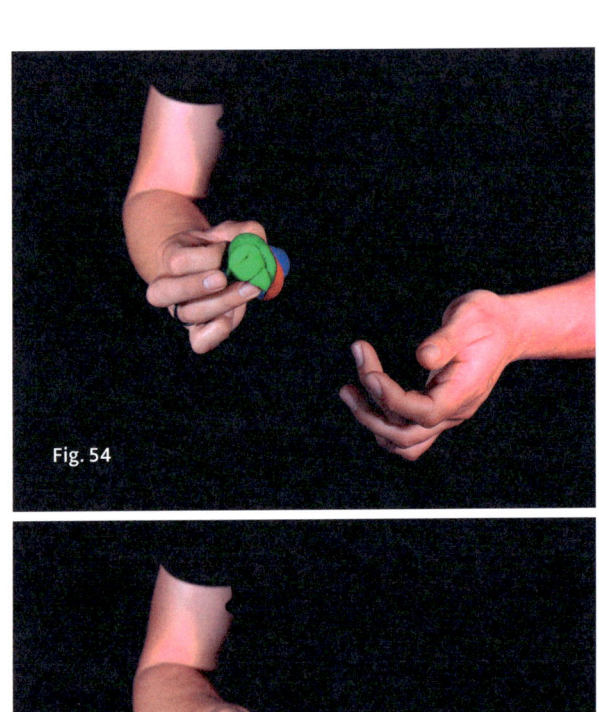

Fig. 55

Fig. 56

Juego 15
Pintaje progresivo

Empezamos desde el cero, más conocida como la nada absoluta, de la nada aparece una bola azul que se transformará en dos bolas verdes, que esas dos bolas se transformarán en tres bolas rojas. 0, 1, 2, 3.

Explicación: Para esto necesitamos dos bolas rojas normales, una verde normal y un gimmick triple. En el seteo vamos a tomar la bola por el lado rojo, en donde tomaremos dos bolas rojas y las introduciremos en el lado rojo, abriendo ahora el lado verde y en ese lado tomaremos la bola extra verde y la introduciremos ahí volteando el gimmick por el lado azul. Como siempre, en el lado azul listo, dejamos la pestaña interior más abajo y abierta por el lado verde. [Ver fig. 57].

Con la carga en la manga del antebrazo, empezamos con las manos vacías, arremangamos, arremangamos y hacemos aparecer el gimmick, de cero a uno tomando la carga de la manga; luego con la bola gimmick, abrimos por el lado verde, pintando y duplicando, haciendo aparecer la verde normal por el lado verde del gimmick, dos. Finalmente abrimos la pestaña que se expone y volteamos para que aparezcan las dos rojas normales por el lado rojo del gimmick, es decir, tres bolas rojas. 0, 1, 2, 3.

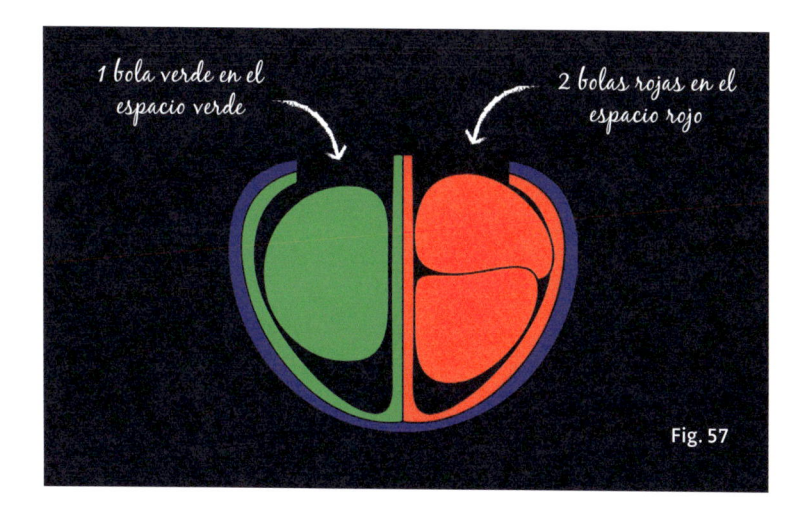

Fig. 57

Si bien me gusta mucho la versatilidad de este artilugio y los nuevo elementos compositivos que brinda, no es de mis gimmicks favoritos porque posee una ambivalencia propia de estas herramientas que son muy buenas, y es que llama a ser utilizado de forma muy expuesta, principalmente porque permite hacerlo. Y en general cuando un gimmick te permite hacer cosas muy expuestas, perdemos otras capas compositivas dentro de la rutina que tienen que ver con cobertura psicológica, cobertura de acción en tránsito y, por supuesto, perdemos muchas veces el utilizar el gimmick como herramienta por que lo estamos utilizando como efecto.

Es por todo lo anterior que hoy tengo sentimientos encontrados con el gimmick, pero, después de darle tantas vueltas siempre llego a la conclusión de que un gimmick es solo una herramienta más y lo que decidamos hacer con ella es solo responsabilidad de cada mago, pues una herramienta siempre abre y nunca cierra.

Es importante destacar que creo que hoy la magia está avanzando mucho hacia lo visual, entendiendo que soy yo partícipe de esto creando este artilugio. Creo que la magia día a día avanza mucho hacia lo práctico y fabuloso, y si bien a mi me encanta lo vistoso, hay que tener muy presente cada vez que componemos un juego o rutina, la experiencia en su totalidad.

Por esto mi mensaje a todas las mentes creativas es invitarlos siempre a crear de forma íntegra, a buscar cosas nuevas, pero nunca olvidarnos que un nuevo juego es solo un nuevo juego, que un nuevo gimmick es solo una herramienta, y que por si solos no son nada, ya que la experiencia del espectador siempre es lo más importante.

CAPÍTULO 5
BOLA NEGRA

El black art es una antigua técnica utilizada en el mundo de la magia para ocultar objetos, ya sea para mantenerlos ocultos y luego hacerlos aparecer o para ocultarlos y hacer una desaparición, esto está relacionado al teatro negro, fue utilizado en las primeras épocas del cine e incluso en el circo y consiste en utilizar un objeto, placa, tela o lámina negra sobre un fondo negro que combinado con una buena iluminación, hace desaparecer el mismo objeto, esto porque el cerebro humano a través de los ojos combina fondo y objeto percibiendo sólo un fondo parejo.

Esta técnica ha sido utilizada ampliamente sobre todo en cartomagia, numismagia y en menor medida en otras áreas de la magia, sin embargo, esta técnica es poco utilizada en el mundo de las esponjas, tal vez por que la esponja al ser un elemento principalmente de magia de cerca y tener un volumen mucho mayor a una carta o una moneda, puede ser difícil de ocultar en un tapete de close up.

Sin embargo, las tímidas veces que se suele utilizar el black art en esponjas, no suele estar en contraste con el tapete, sino con la ropa del mago.

Intentando siempre al "volver a no saber", comienzo un proceso de exploración dentro del uso del black art en esponja.

Gratamente al inicio de mi búsqueda me encuentro con la rutina de Tom Stone titulada Benson Burner, basada en la clásica rutina de bola/tazón de Roy Benson. Aquí Tom hace una adaptación de la rutina clásica de Roy Benson y genera un formato que es un poco más de salón que la versión de close up original, haciendo en esta oportunidad, la rutina de pie junto a una mesa a la altura de las caderas y sin tela hasta el piso, solamente con un pequeño mantel que cubre el borde más próximo a la superficie de la mesa.

La primera vez que vi esta rutina no podía creer la calidad de las desapariciones, ya que a ojo del espectador e incluso a ojos de magos, las desapariciones de las esponjas que van viajando una a una bajo el tazón, son visuales, increíbles e insospechadas. Magia pura.

Ya con un análisis más detallado, logro intuir que se trata probablemente del uso de black art y cuando por fin logro estudiar esta rutina como se debe, grata es mi sorpresa al confirmar que utiliza un método de black art pero de una forma extremadamente inteligente y con una estructura que engaña y maravilla hasta el ojo más perspicaz.

En este capítulo no hablaré explícitamente de la rutina de Roy Benson ya que creo que es menester de cada mago que ame la magia con esponjas, estudiar delicadamente esta maravillosa composición, pero iré tomando ciertos elementos que son necesarios para lo que veremos más adelante.

Uno de estos elementos es el uso que le da Tom Stone al black art con unos pequeños cargadores cubiertos en fieltro negro, que son utilizados para desaparecer las esponjas.

A grandes rasgos, las distintas desapariciones se basan en tomar un cargador de black art, luego introducir una esponja dentro del cargador para finalmente descargarlo en un pequeño servante que se encuentra en el borde de la mesa. Este servante cumple una doble función: Primero detiene el cargador para que no caiga al piso, dando una sensación de que no está descargando nada, ya que los espectadores pueden ver las patas de la mesa y por otra parte, está amortiguando el sonido que genera el cargador al caer.

Además, es desde este mismo espacio de servante, donde están previamente situados los pequeños cargadores y es desde ahí, de donde salen y terminan.

Es desde esa rutina que comienzo a investigar el uso de black art para rutinas que yo ya previamente había realizado. La principal dificultad con la que me encontré, era que si bien la desaparición con este método del cargador black art es extremadamente visual, requiere de dos elementos extra y una carga extra, versus cualquier desaparición con falso depósito y descarga en regazo, ya que en las desapariciones con falso depósito clásico solo tenemos el elemento que va a desaparecer, en este caso la esponja, un escamoteo y una descarga simple al regazo del mago.

Como la esponja cae directo a las piernas del mago, no genera ruido y no tiene mucho riesgo de caer. Todo esto visto desde el formato de close up sentado, mientras que en el mismo formato al utilizar el cargador black art, tengo el mismo elemento que voy a hacer desaparecer, pero debo hacer una carga del cargador, luego dejar la bola de esponja dentro del cargador y luego dejarla caer desde una altura mayor al regazo.

Esta diferencia de altura, para que tenga sentido el uso del black art y que las manos nunca vayan al borde de la mesa al dejar una descarga, genera un leve peligro de que el cargador, al ser un elemento más sólido, rebote en las piernas del mago y caiga al piso. Es por eso, que para mayor seguridad, es mejor utilizar un servante o el mismo mantel en las piernas del mago en posición de servante.

Esta suma de elementos no terminaba de convencerme, aunque como a todos, una desaparición así de visual y potente, siempre nos cautiva. Por otra parte, como ya se podrán haber dado cuenta, vengo ya desde muchos años trabajando con las bolas de volteo y tener este principio en mi cabeza como herramienta disponible, me hizo hacer el click lógico: Si tengo una bola de volteo que cambia de roja a azul, ¿podré tener una bola de rojo a negro y ese negro utilizarlo como black art sobre el fondo de mi ropa negra?

Con esta idea en mente, comienzo a trabajar en un primer prototipo que desde el primer uso ya dio resultados positivos generando la llamada 'ninja ball', que consiste en lo que les mencioné hace un momento, una bola de un color, que por el otro lado es bola negra que se utiliza para hacer desapariciones, transformaciones y un sinfín de posibilidades más, aprovechando como se funde la bola negra con la ropa de ese color, generando el efecto deseado.

El gran aporte que creo tiene esta bola es el tomar los tres elementos principales que utiliza Tom Stone: El elemento que va a desaparecer, que en este caso es una bola de esponja; el cargador black art y el servante, en un mismo objeto, ya que la bola por un lado es lo que va a desaparecer, al voltearla es en si misma el cargador de black art. ¿Y el servante? El servante

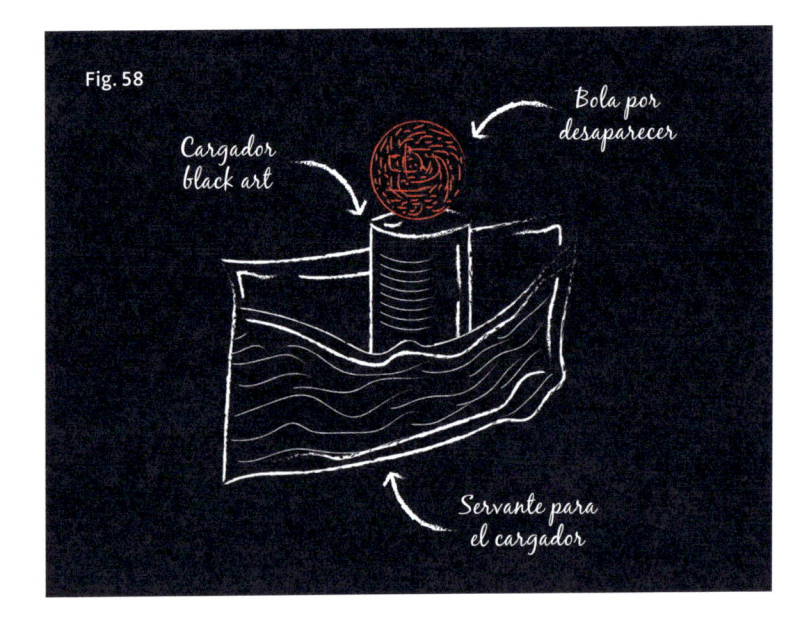

Fig. 58

deja de ser necesario, ya que la esponja como material no genera ruido, ni al caer al regazo del mago ni al piso y además, al ser una bola de volteo trucada que tiene un agujero que genera una especie de cara plana, esta no rueda por el piso si se deja caer, solo puede dar máximo medio giro y quedar estática posada en el agujero. [Ver fig. 58].

Además, este gimmick que reúne los tres elementos, tiene la cualidad de poder ser utilizado en todo momento como una bola de esponja normal dentro de una rutina clásica y solo en el momento que se requiera, sin cargas extras, solo volteando la esponja, ésta desaparece en el aire sin dejar rastro alguno.

A continuación uno de mis juegos favoritos donde uso bola negra nombrado "1-3+2=0". Es una versión del clásico juego de uno de mis maestros, Ricardo Rodríguez, que para mí, no está de más decirlo, es una genialidad a nivel conceptual, nivel técnico, nivel estructural y por supuesto a nivel mágico. Para quienes no conozcan este juego, pueden encontrarlo en el libro 'Magia de Altura' de Ricardo Rodríguez.

La versión original, es un juego de salón con pañuelos lo cual lo hace muy visual, sin embargo como este es un libro de esponjas, obviamente la versión que veremos es una un poco más minimalista, de close up, muy simple y directa.

Cabe también decir que mi querido amigo Xulio Merino, en su libro 'Esponjimagia Xuliana', tiene también una versión en esponjas de este juego de Ricardo.

Luego de esta introducción les dejo mi versión minimalista y en formato close up de este tremendo juego de paradoja matemática de Ricardo.

Juego 16
1-3+20=0 con bola negra

Se empieza diciendo: "no sé si a ustedes, pero la pandemia me tiene mal, he empezado a ver patrones, cosas que no tienen explicación, por ejemplo esto:" Se muestra un cartel en que tenemos escrito: 1-3+2=0. ¿Esto está bien o no? O sea, es matemáticamente correcto: uno menos tres es menos dos, más dos, cero. ¿Está bien o no? [Ver fig. 59].

¿Eso quiere decir, por ejemplo, si tenemos una habitación vacía, tiene que entrar una persona, luego salir tres y entrar dos para que no quede ninguna? O por ejemplo, con estas bolitas de esponja. Se muestra una bola de esponja que entra en la mano vacía, luego de esa misma mano salen tres.

Sin abrir la mano se pregunta que qué se tiene dentro. ¿Tenemos un -2? ¿Cómo? ¿Qué es eso, un agujero negro? Entonces le sumamos dos de las bolas que tenemos en la mesa, tirando la restante para finalmente preguntar, esto es... ¿cero? Abrimos la mano y la tenemos vacía.

Explicación: Para este juego necesitamos una bola de esponja de volteo verde/verde, una bola de volteo verde/negro black art y una bola normal.

Tomamos la bola verde/negro por el lado verde, la juntamos con la bola verde normal y todo esto lo dejamos dentro de la bola verde/verde. Luego lo guardamos en el bolsillo. [Ver fig. 60].

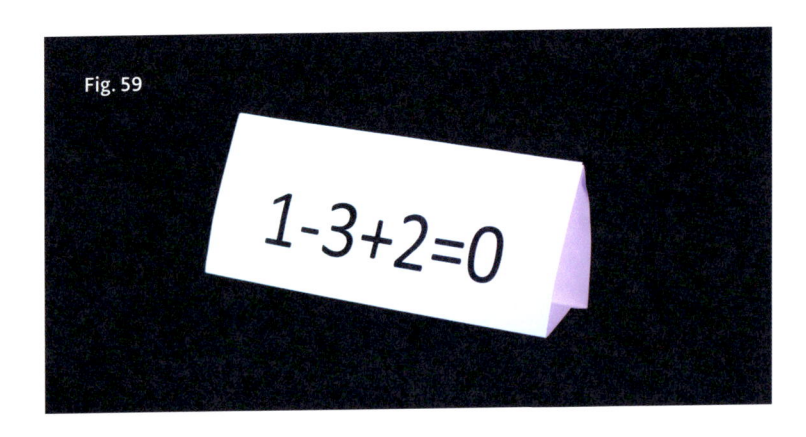

Fig. 59

1-3+2=0

Fig. 60

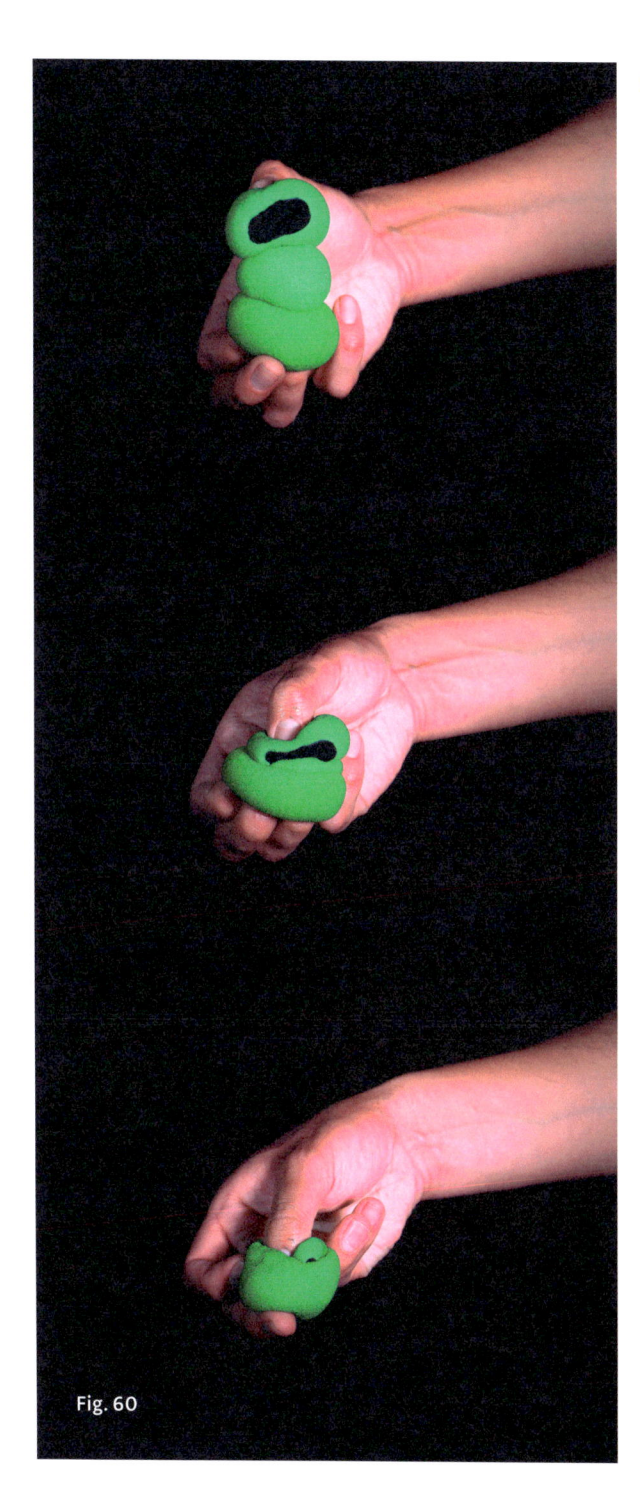

Empezamos buscando la primera bola, sola aparentemente, la presentamos, jugamos con ella para hacer ver que es una bola normal, cerramos la otra mano en puño y dejamos liberando las esponjas con el clásico pase de volteo bola/cubo en la mano cerrada, liberando las dos esponjas de su interior quedando con tres en la mano. [Ver fig. 61, fig. 62].

Luego viene el -3. Sacamos las bolas una a una de la mano cerrada. Primero y por el orden en el que están, sale la bola verde/verde, luego la normal y luego la verde black art. En este momento es importante no abrir la mano, ya que en la ficción dentro tenemos -2, si abrimos la mano sería un cero y no sería coherente con la ficción que estamos generando.

Ahora tenemos tres bolas en la mesa y tenemos que meter dos en la mano. Podemos o tirar la bola verde normal lejos, diciendo que no nos sirve, en todo este ánimo frenético de la ficción o también se puede tomar la bola verde/verde y guardarla en el bolsillo, todo depende de cómo se quiera hacer el efecto. De las otras dos, primero tomamos la black art con el agujero hacia abajo, mirando la mano aún empuñada y arriba de la bola black art dejamos la bola restante.

Apretamos las bolas para introducirlas en la mano con el pase clásico de volteo bola/cubo para quedar solo con una bola negra en la mano con ambas bolas dentro. Es importante destacar que mientras comentamos esto y ya teniendo la negra con las dos bolas dentro, podemos acomodar la bola para que el agujero quede mirando hacia el mago y así no notarse al descargar. [Ver fig. 63, fig. 64].

Finalmente, mientras mostramos el cartel que está en la mesa, aprovechamos de descargar la bola, soltándola y gracias a su color negro, se mimetizará con nuestra ropa. Cuando decimos que finalmente en la mano deberíamos tener cero, mostramos que no tenemos nada.

Antes de cerrar con este juego, quiero darme una licencia y agradecer a Ricardo Rodríguez, por su simpatía, por su amor a la magia y sobre todo por su genialidad como mago y maestro.

Fig. 61

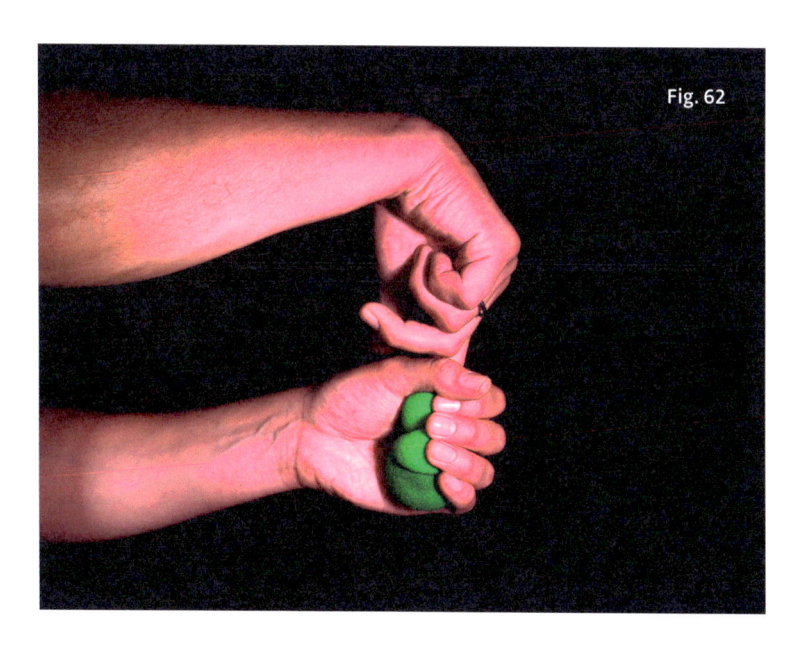

Fig. 62

Fig. 63
Bola normal
Bola gimmick verde/negra

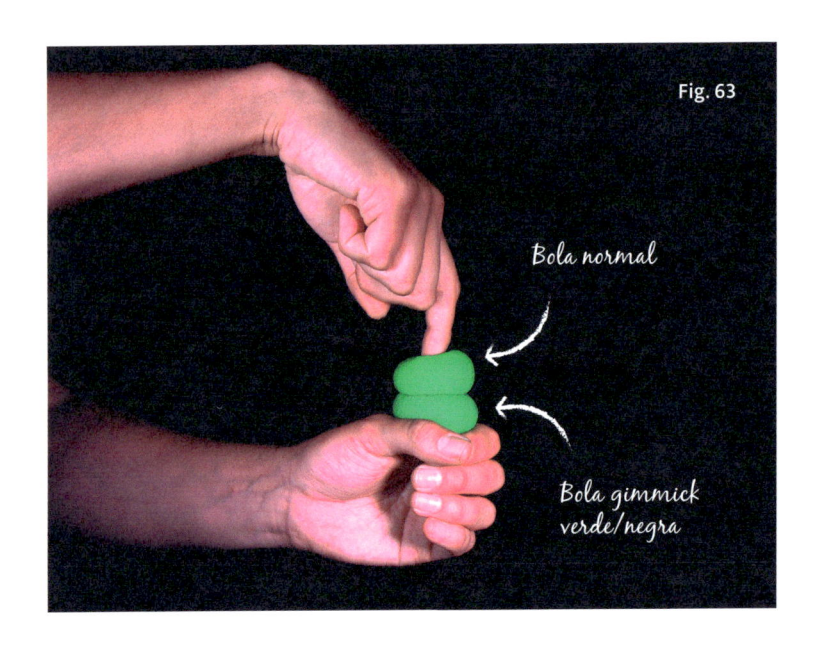

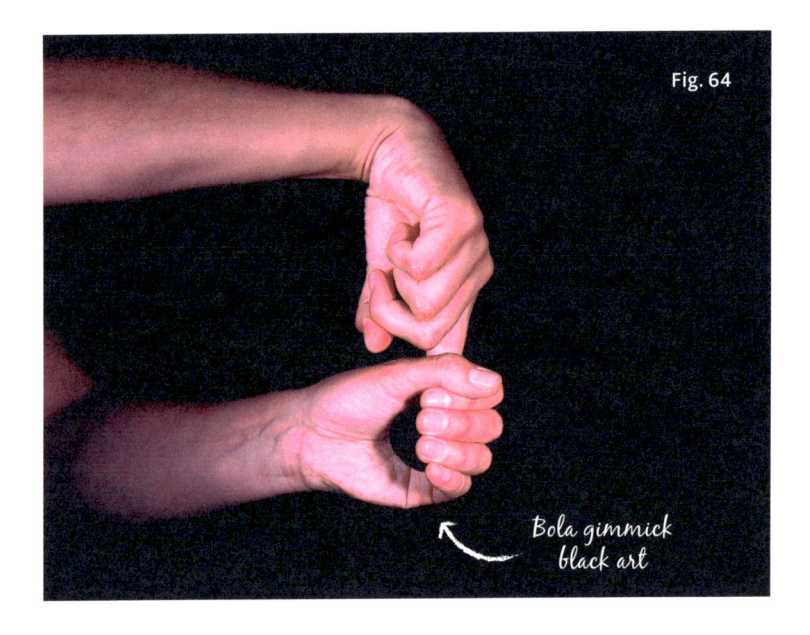

Fig. 64
Bola gimmick black art

Esta bola black art al ser una herramienta y no un juego en específico nos brinda un sinfín de posibilidades de uso, dentro de las cuales se incluyen desapariciones, transformaciones, multiplicaciones y más, solo con el fin de motivarlos a estudiar este elemento les mostraré un par de ideas que utilizo actualmente:

Desaparición de una bola

El truco más clásico de black art en esponjas. Hacer el volteo de una bola luego de mostrarla y hacerla desaparecer por el color negro de la ropa. Ideal para mezclar con otros efectos y crear grandes rutinas de magia.

Desaparición de bola en monedero

Una de las rutinas más famosas de Goshman es el monedero y las bolas que viajan. ¿Por qué no agregarle una gran desaparición?

Desaparición de múltiples bolas

Más de una bola black art nos puede entregar más de una desaparición, se pueden idear grandes efectos y rutinas propias desapareciendo más de una bola.

Desaparición con confeti

Nada más explosivo y visual que el confeti y una forma muy práctica de llevar un paso más allá la bola de esponja, mezclándola con otros elementos de otros universos. Teniendo la bola negra como cargador y como desaparición, es muy fácil ponerle dentro cualquier cosa para mejorar el efecto. ¿Desaparición y explosión al mismo tiempo? Es posible.

Transformación de bola a moneda

Pese a que la numismagia y esponjimagia no tienen momentos tan claros para juntarse, siempre es una buena oportunidad y sobre todo un muy buen gancho para pasar de un efecto a otro, desaparecer una esponja y hacer aparecer una moneda.

Transformación de bola a dado

A estas alturas está más que claro que cualquier cosa del tamaño adecuado puede introducirse en una esponja que posteriormente va a desaparecer. Cosas como trompos, monedas o incluso algo tan enigmático como un dado, pueden aparecer desde la desaparición de la esponja y depende de uno cómo usar este efecto.

Multiplicación a manos limpias

Uno de los usos más interesantes para el black art, es poder hacer apariciones de bolas, es decir, lo que veníamos viendo, pero en reversa. El partir con las manos limpias, hacer un gesto mágico, voltear la bola y quedar con bolas en las manos, es algo que se ha visto poco, pero puede ser muy bien utilizado. Materialización a manos limpias.

De bola a pañuelo

¿Cómo no escribir en esta lista un elemento que debido a su color y lo moldeable que es puede ser muy bien utilizado tanto en trasformación como aparición? Un pañuelo que aparece en nuestras manos, que vuela al frente de nosotros, puede ser muy interesante para presentar al espectador.

Además muchos de los juegos que hemos visto anteriormente en el libro se pueden versionar con una desaparición de final muy visual con la bola black art, como el DéJà Blue y El Semáforo, cambiando la bola final que desaparece, por una black art.

De todo mi trabajo en esponjas, que como habrán notado es un trabajo bastante experimental, este paso con bolas negras, corresponde a las últimas experimentaciones que he realizado. Si bien, los resultados hasta ahora me tienen muy contento y esperanzado en que pueda abrir aún más campo en la magia con esponjas, sé que aún hay mucho que trabajar y descubrir. Es por ello que los invito como siempre a jugar y experimentar con estas nuevas ideas, como herramienta compositiva, para todo aquello que quieran hacer en la magia con esponjas. [Ver fig. 65, fig. 66].

Fig. 65

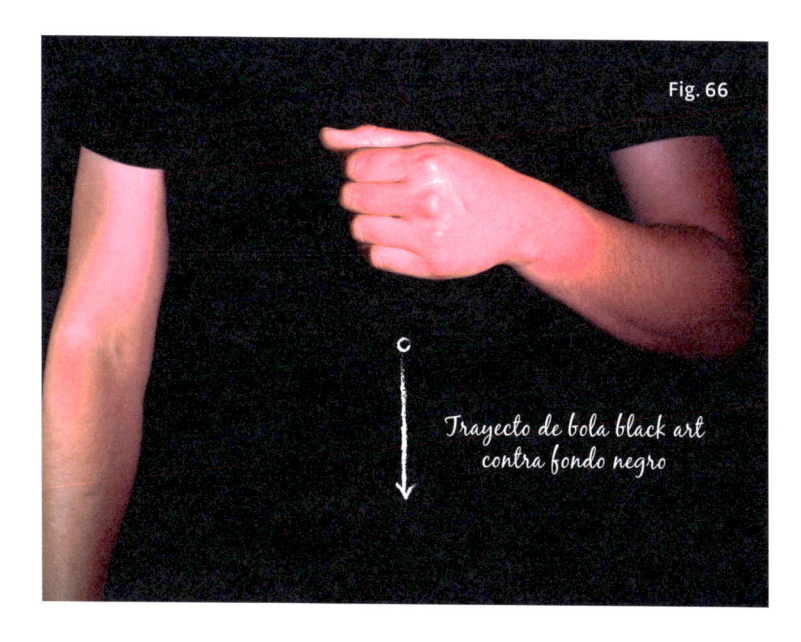

Bola black art cayendo en fondo negro

Fig. 66

Trayecto de bola black art contra fondo negro

# CAPÍTULO 6

RUTINAS

Espero de corazón que hasta este punto del libro nunca haya habido un pensamiento de 'mucho texto' en el proceso previo de contar algún juego o rutina. 'Mucho texto': esa frase muy actual que representa el amor por lo rápido y lo instantáneo, mostrando lo poco significativo de los procesos actuales. En la magia no puede existir el 'mucho texto', en magia todo es un proceso lento de aprendizaje y prueba. Sin embargo, y para evitar ese pensamiento, ahora vienen un par de rutinas creadas por mí y entregadas a ustedes en un largo capítulo.

Todas estas rutinas funcionan por si solas y pese a tener en su totalidad teoría que hemos visto a lo largo del libro, pueden ser realizadas de forma individual, con un inicio, desarrollo y final explicado aquí.

Juego 17
Bola Tazón

Levantamos un tazón y tenemos cuatro bolas en la mesa, tres naranjas y una azul, además de una varita mágica. Dejamos las cuatro en la mesa y damos vuelta el tazón para dejarlo boca abajo vacío. Tomamos la primera bola naranja, la dejamos en la mano cerrada, la abrimos y no habrá nada, levantamos el tazón y la bola aparecerá dentro. Damos vuelta el tazón con la bola adentro, dejamos otra bola en la mano, la cerramos y al abrir, habrá desaparecido y estarán las dos dentro del tazón. Damos vuelta el tazón con las dos dentro, tomamos la tercera, cerramos la mano. Al abrirla ya no estará y al dar vuelta el tazón estarán las tres dentro. Volteamos el tazón, tomamos la azul, cerramos la mano, hacemos el gesto mágico y al abrirla, dentro de la mano habrán tres bolas naranjas y en el tazón estará solo la azul, mostrando una transposición de tres bolas naranjas por una azul. [Ver fig. 67].

Explicación: Para este juego necesitamos un bowl o tazón, una varita mágica, dos bolas de volteo azul/naranja, una bola black art naranja/negra y cuatro bolas normales naranja. Lo seteamos primero dejando una de las bolas azul/naranja por el lado azul

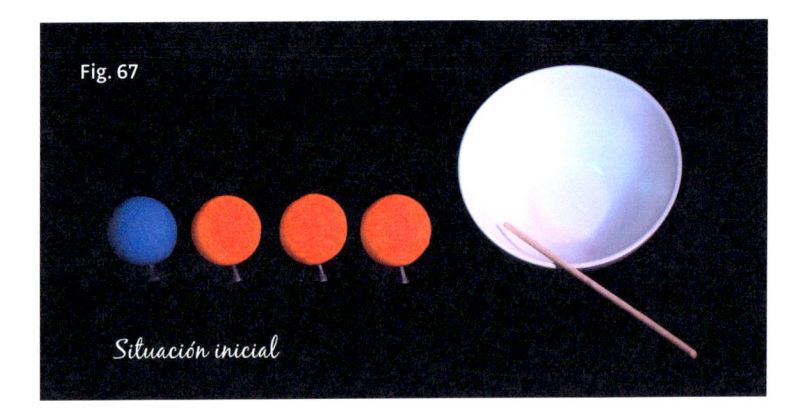

Fig. 67

Situación inicial

y dentro de esta, dejamos dos naranjas, al darla vuelta quedarán tres naranjas dentro, esa será la azul final. Luego dejamos dos naranjas normales en la mesa y la naranja/negra la dejamos en tercera posición. La última bola gimmick azul/naranja por el lado naranjo, partiendo escondida en la carga de la manga del brazo del mago.

Dejamos todo dentro del tazón y situamos la varita mágica arriba. Cerramos el tazón y empezamos. Abrimos el tazón posicionando la varita bajo el brazo izquierdo. Dejamos en línea las cuatro esponjas tomando en cuenta dejar el orden: normal, normal, black art por el lado naranjo y azul de volteo con dos naranja dentro.

Primero, al mostrar la varita, recuperamos la bola escondida en el brazo, haciendo el gesto de arremangar para comenzar la rutina. Mostramos el tazón y al darlo vuelta cargamos esa misma bola con la punta de nuestros dedos al momento en que estamos dejando el tazón boca abajo sobre la mesa. Es importante que cuando dejamos esta primera bola, que es gimmick, el agujero quede sobre la mesa para que no haya oportunidad de ver el agujero. [Ver fig. 68, fig. 69].

Con la carga lista, dejamos la varita en el brazo y tomamos la primera bola, hacemos un falso depósito, dejamos la bola en empalme de dedos, recuperamos la varita con la misma mano del empalme para que ese gesto lo cubra, gesto mágico y al levantar el tazón, primero hacia el mago, para verificar que la bola no se haya movido, luego para el público que verá que está la bola que dejamos dentro anteriormente.

Cuando se hace la revisión previa a la revelación, en caso de ver que la bola está movida y con el agujero a la vista, se puede acomodar con el mismo tazón, moviéndolo para empujar suavemente la bola y que quede con el agujero hacia abajo. [Ver fig. 70, fig. 71].

Levantamos, al momento en que levantamos dejamos la varita en el brazo como acción en tránsito, y al ir a dejar la primera bola luego de mostrarla, dejamos la segunda bola que teníamos empalmada, todo esto cubierto bajo el tazón.

Fig. 68

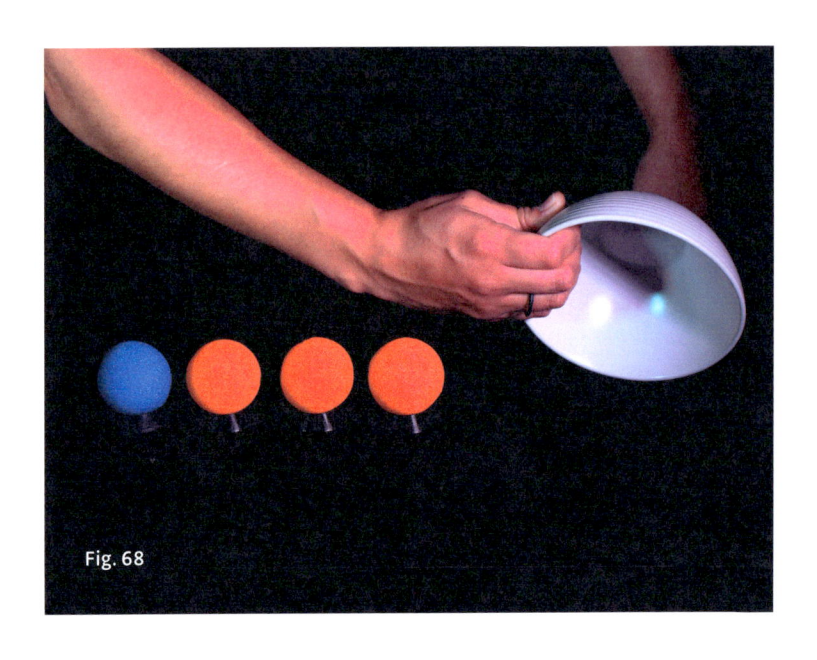

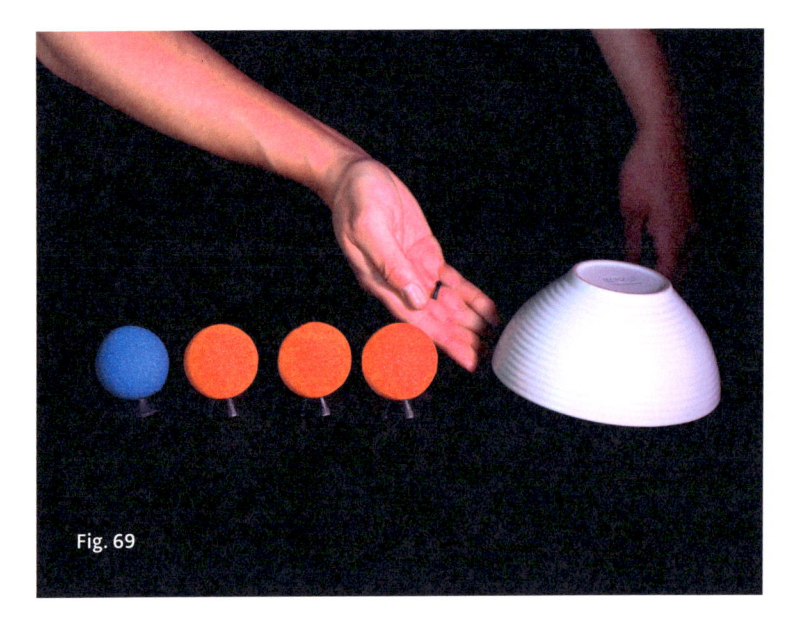

Fig. 69

Fig. 70

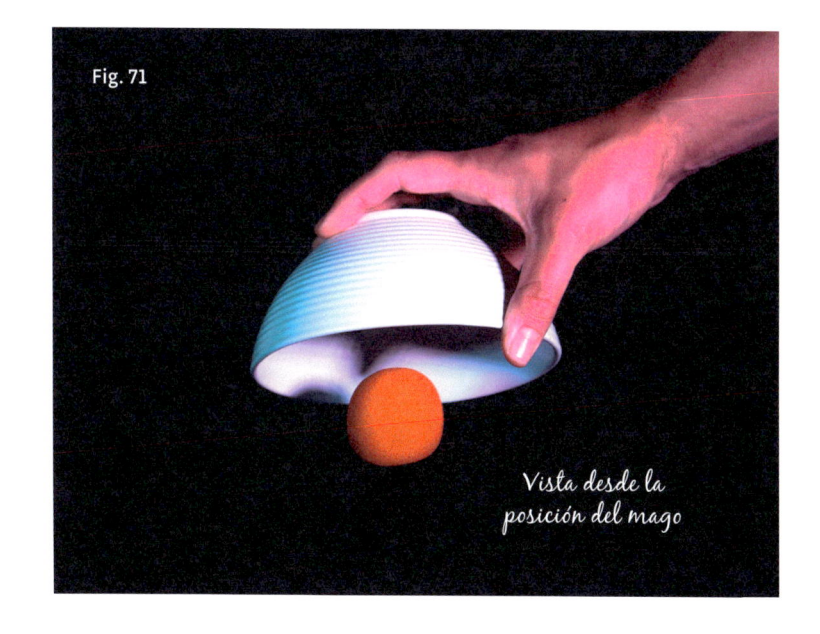

Vista desde la posición del mago

Fig. 71

Vista desde la posición del mago

Luego hacemos lo mismo con la segunda bola que va a desparecer. La tomamos, la dejamos en falso depósito empalmada, con la varita en la mano hacemos el gesto mágico, mostramos que no tenemos nada en la mano y levantamos para ver si está todo en orden, luego mostramos al público las dos bolas bajo el tazón, dejamos la varita bajo el brazo para cargar la tercera bola al momento de voltear el tazón sobre las dos bolas. Tercera bola que viaja, bola black art. Se muestra la naranja, la dejamos en el puño y volteamos con la varita para que quede por el lado negro dentro de nuestra mano. Al momento de dejar la bola negra dentro, recordemos que el agujero queda hacia arriba, así que primero volteamos y en un segundo movimiento dejamos el agujero de la bola mirando hacia el mago para luego soltarla sin problemas. Una vez que está lista para ser soltada, a la altura del lap, hacemos la misdirection con un movimiento de varita para soltar levemente la mano y caiga la bola negra. Una vez hecha la desaparición, vamos a manos limpias y levantamos el tazón mostrando que dentro están las tres bolas.

Se hace una muestra de las tres bolas, dejando el gimmick azul/naranja en nuestra mano hábil, ya que ahora haremos una carga. Mostramos las bolas en la mano derecha en la posición de volteo a una mano con las otras dos bolas de forma vertical entre el gimmick y el pulgar y al momento de dejarlas dentro del tazón, con la cobertura de este, cuando vamos dejando las bolas dentro, hacemos el volteo a una mano y dejamos las dos bolas naranja dentro del gimmick que al voltear quedará solo una bola azul. [Ver fig. 72].

Ahora solo nos resta dejar la bola azul en la mano. Hacemos el gesto mágico pero no viaja, pensamos qué hacer y como solución, dejamos la bola en la mano nuevamente, liberando ahora las bolas naranja en nuestra mano. Y ahora, a diferencia de antes, con la varita no vamos de la mano al tazón, vamos del tazón a la mano, abrimos la mano y mostramos las tres naranjas y levantamos el tazón mostrando que dentro está la bola azul. [Ver fig. 73].

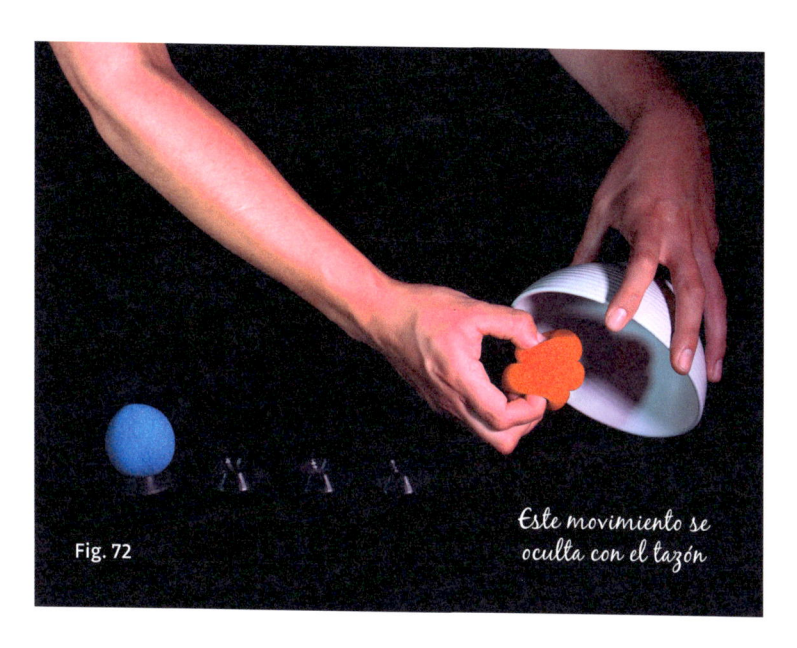

Fig. 72

Este movimiento se oculta con el tazón

Situación final

Fig. 73

Juego 18

Colores descompuestos

Tenemos una bola naranja en la mano, color secundario como sabemos, compuesto de rojo y amarillo, al momento de decir los colores la separamos en una bola roja y una amarilla. Luego, comentamos que si el rojo se cambia por azul, al juntarse quedaría una bola verde, en ese momento la bola roja se transforma en azul y luego al juntar las dos bolas nos quedamos con una verde en la mano.

Explicación: Para esta rutina necesitamos una bola triple naranja/verde/amarilla y una bola de volteo roja/azul. La bola roja/azul va por el lado rojo dentro del lado amarillo de la bola triple y luego volteamos por el lado naranjo. Recordar dejar la pestaña del centro de la bola triple cosa que sea más fácil que voltear y abierta por el lado que tiene la carga.

Tenemos la naranja en la mano derecha, volteamos y sale la bola roja y amarilla. La bola triple queda en amarillo en la mano derecha y la doble está rojo en la mano izquierda. Mostramos las bolas intercambiándolas de mano para luego hacer un pintaje de una mano de rojo a azul con la bola doble. Finalmente, cambiamos de mano nuevamente las bolas para mostrarlas quedando la azul en la mano izquierda y la amarilla en la mano derecha, juntando ambas manos, la bola triple se come la otra bola volteándose por el lado verde el cual mostraremos para terminar el juego.

Juego 19
Bola grande a pequeña

Para partir tenemos una gran bola, decimos que a todos los magos normalmente les gusta desaparecer cosas pequeñas pero a mí, me gustaría desaparecer esta gran bola de esponja. Hacemos un gesto mágico y la bola no desaparece porque es demasiado grande, frente a esto tomamos la gran bola y se parte en dos bolas más pequeñas. Frente a nuestro desconcierto, nos deshacemos de una y con la otra hacemos el gesto mágico y cuando no desaparece, la separamos y ahora son dos bolas aún más pequeñas. De nuevo se repite el proceso, se intenta desaparecer la bola y al no poder se separan hasta que finalmente la bola que queda es tan pequeña que ya no se puede ni ver. Ahora que es muy pequeña y que estamos seguros que va a desaparecer accidentalmente la bola cae al piso y al ser tan diminuta no se puede encontrar y nuestra premisa inicial nunca se completa.

Explicación: Este juego se puede encontrar entre mis productos. El desarrollo del juego está en el gimmick en si, pero también está en cómo se utiliza. El principio de este set está basada en las famosas muñecas rusas o "Mamushkas", utilizando también el principio de las bolas de volteo.

Partimos con una gran bola de cuatro pulgadas, la cual dentro y con el principio del volteo que hemos visto, al voltearla, esta pelota se transforma en una de tres pulgadas y dentro tiene también una bola de tres pulgadas. La de tres pulgadas nueva al voltearla se vuelve una de dos pulgadas y dentro tiene otra de dos pulgadas. Al voltear, lo mismo, se transforma en una bola de una pulgada con otra de una pulgada dentro y esta a su vez, sin voltear tiene dentro una mini que se comprime. [Ver fig. 74].

Al momento de setear es importante humedecer las esponjas antes de trabajar con ellas, para que cuando la esponja salga del contenedor se expanda rápidamente y no se note la diferencia de tamaño entre una y otra.

Para setear tomamos la bola más pequeña del set y la dejamos dentro del agujero de la bola de una pulgada. Esa misma bola la juntamos a la otra de una pulgada, la cual al voltearla será una de dos pulgadas, luego la de dos pulgadas la volteamos con la otra de dos pulgadas para que quede de tres pulgadas y así sucesivamente vamos seteando.

La premisa que a mí me gusta utilizar, por el fondo que tiene, es el querer desaparecer este gran objeto, pero el mago, como en la vida misma, falla. Por lo mismo se parten las bolas, para hacer más fácil este proceso. En esta ficción el mago nunca consigue su objetivo, las bolas de achican hasta la más pequeña, donde ya sencillamente no tenemos nada y podemos jugar con que tenemos algo microscópico en la mano, hasta que esta cae y se nos pierde. [Ver fig. 75].

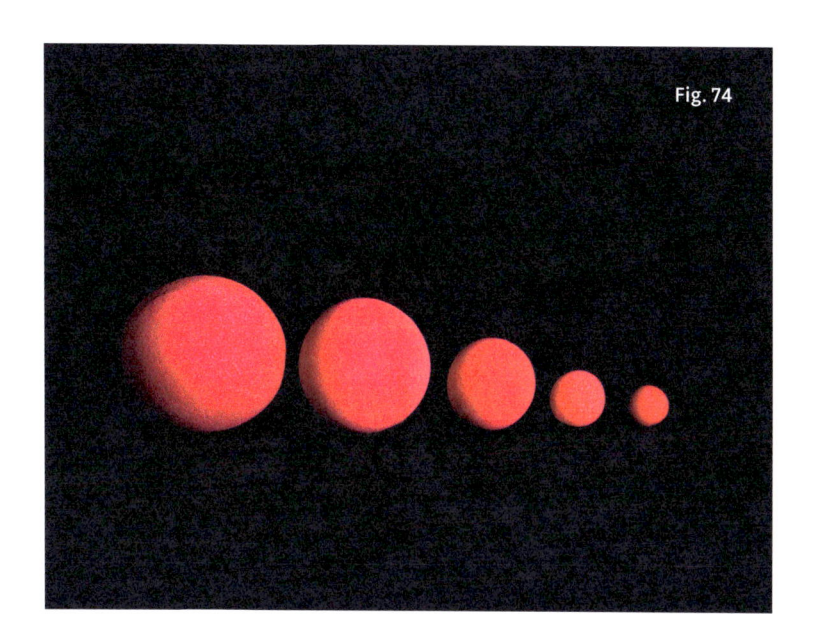

Fig. 74

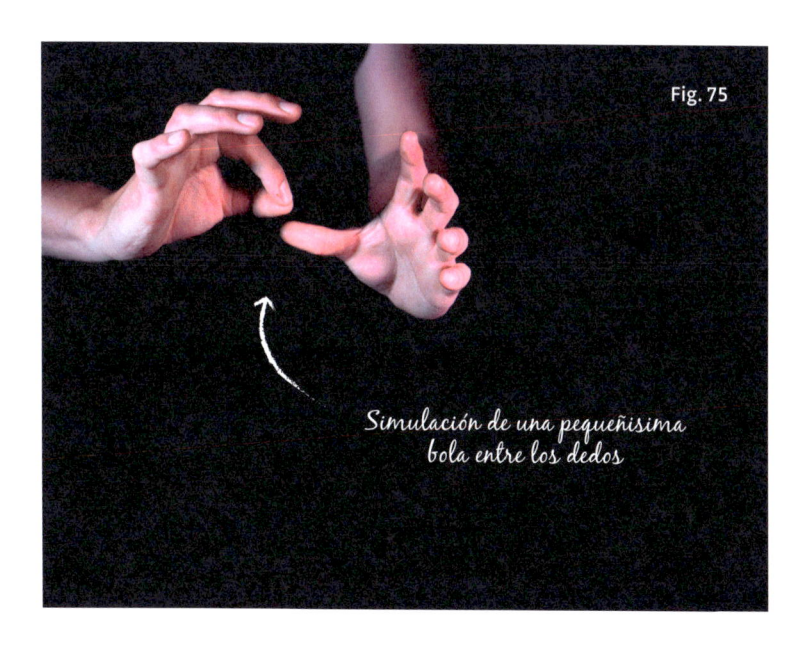

Fig. 75

Simulación de una pequeñísima bola entre los dedos

Juego 20
Viaje esponja a vaso

Mostramos tres bolas de distinto color en la mesa, una vaso dado vuelta, una varita y un pañuelo. Le decimos al espectador que deje el dedo sobre el vaso para cuidarlo, lo cubrimos con el pañuelo y se le dice al espectador que nunca saque su mano de arriba del vaso. Se da a elegir una bola. Esa bola se deja dentro de la mano del mago, recordando que el espectador tiene la mano siempre sobre el vaso realizamos el gesto mágico. En la revelación, se muestra que la bola desapareció de la mano, se le dice al espectador que saque la mano del vaso, se levanta y dentro estará la bola elegida.

Explicación: Para este juego necesitamos una bola verde, una bola roja normal y una azul black art azul/negro (esta bola puede ser de cualquier color que ustedes elijan pero tiene que ser black art), además necesitamos una bola igual a la elegida, en este caso azul, pero esta bola tiene que ser de pulgada y media.

Recordemos que las bolas que usamos son Goshman de dos pulgadas, para este juego necesitamos que la bola que está bajo el vaso sea de pulgada y media y previamente al juego la mojamos, cosa que al expandirse, quedará visualmente más o menos igual que la otra, pero al ser de una pulgada y media, tendrá menos masa para poder dejarlo bajo el vaso trucado con una tapa del mismo color del tapete, entonces al ser más pequeña se puede dejar bajo de el vaso sin levantarlo.

Para el vaso solo se necesita una tapa del mismo color del tapete que vaya a ras del mismo, para que no se note que en el fondo está la tapa. El vaso ideal para este truco es el vaso de whisky, ya que al ser más pesado que el resto puede dejar bien escondida la bola bajo de él, entonces el peso mantendrá la bola contra el tapete, viéndose como un vaso vacío. [Ver fig. 76].

Le decimos al espectador que custodie el vaso y nunca saque el dedo de él. Con las tres bolas en la mesa, se hace un forzaje del mago, se eligen dos y se descartan hasta llegar a la bola forzada que es la black art. Se deja en la mano volteándose y la acomodamos con el agujero hacia el mago y al momento de dar la instrucción de que custodie el vaso, soltamos la bola, desapareciendo.

Abrimos la mano, la mostramos limpia y luego le decimos al espectador que saque su mano del vaso, vamos a él y al levantarlo le damos un pequeño empujoncito y así la bola de abajo saldrá y quedará el vaso limpio.

Una variable para poder terminar "en verdadero", es tener un segundo vaso normal en el lap, para cambiarlo bajo la cobertura de que la bola aparece, soltamos el vaso y rápidamente agarramos el vaso normal y así terminaremos con todo "en verdadero".

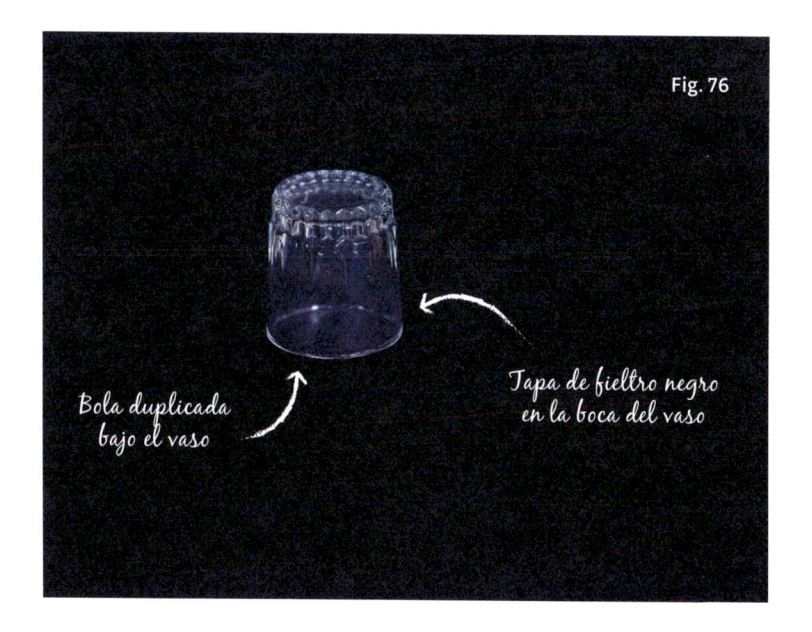

Fig. 76

Bola duplicada bajo el vaso

Tapa de fieltro negro en la boca del vaso

CAPÍTULO 7
MUESTRA Y MANEJO DE TÉCNICAS

Técnica 1
Empalme de dedos

Consiste en tener una bola oculta en el interior de los dedos meñique, anular y medio, dejando la palma a la vista y los dedos índice y pulgar para ser utilizados de cualquier otra forma. [Ver fig. 77, fig. 78].

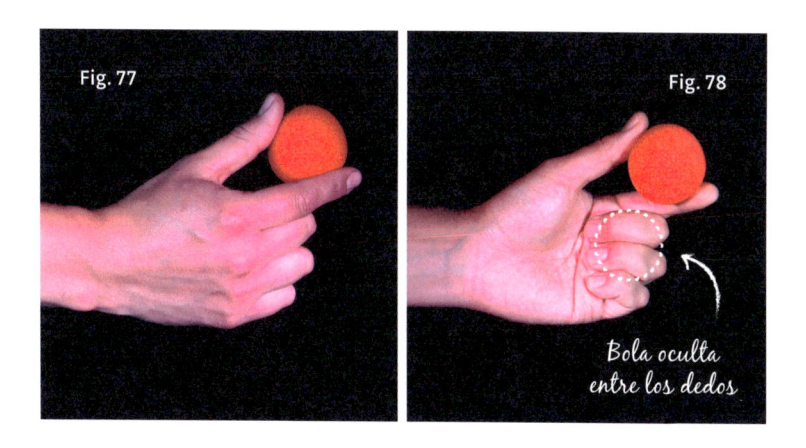

Fig. 77

Fig. 78

Bola oculta entre los dedos

Técnica 2
Pintaje estático

Comenzamos, por ejemplo y para la explicación, con una bola roja en la mano izquierda entre el pulgar, índice y anular, mientras que en la mano derecha tenemos una bola azul oculta en empalme de dedos pero con los dedos ligeramente abiertos. [Ver fig. 79].

La mano izquierda se queda estática de palma hacia el público mientras que la mano derecha dorso al público tapa la bola roja. En ese momento el pulgar de la mano derecha, pasando por detrás de la bola roja, la pinza contra la palma y la bola que está en empalme de dedos toma el lugar de la bola roja. [Ver fig. 80].

Haciendo honor al nombre de la técnica, es importante que la mano izquierda se mantenga cien por ciento estática mientras que la derecha es la que hace todo el movimiento.

Una vez que hemos hecho el pintaje y tenemos la bola de la mano derecha pinzada con el pulgar, esta puede ser transferida a empalme de dedos para quedar nuevamente en la situación inicial y darnos la oportunidad de hacer este pintaje de forma cíclica una y otra vez.

Fig. 79

Bola oculta con los dedos semiabiertos

Fig. 80

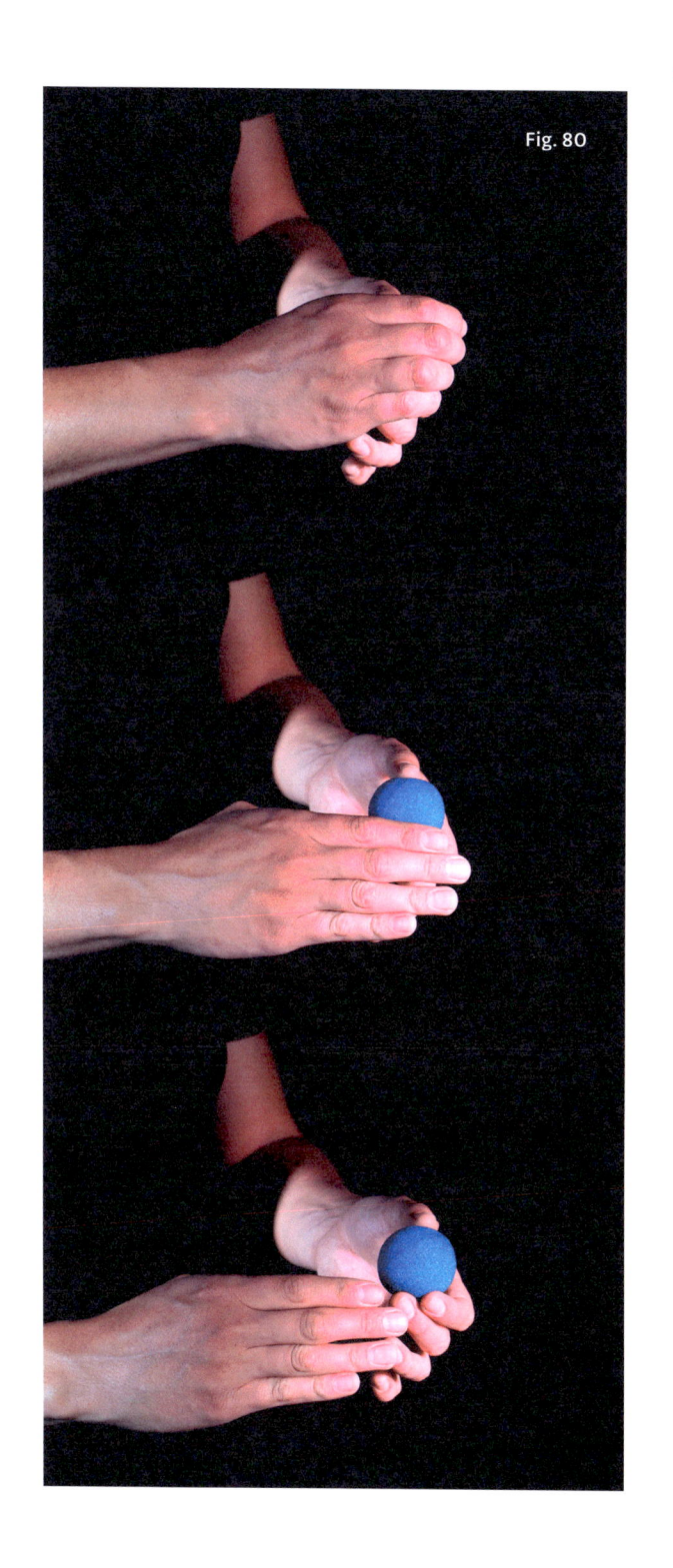

Técnica 3

Pintaje bolas chinas

Si alguna vez has utilizado bolas Boading o más conocida como bolas chinas de relajación, este pintaje será mucho más fácil de entender, ya que el movimiento es exactamente el mismo porque vamos a rotar dos bolas dentro de la palma de la mano.

Este pintaje se puede realizar con una bola en empalme de dedos y la otra en la punta de los dedos se baja una de las bolas con la punta del pulgar y con la parte de la uña del pulgar se sube la otra, haciendo una especie de manivela para cambiar la bolas. [Ver fig. 81 - fig. 85].

Fig. 81

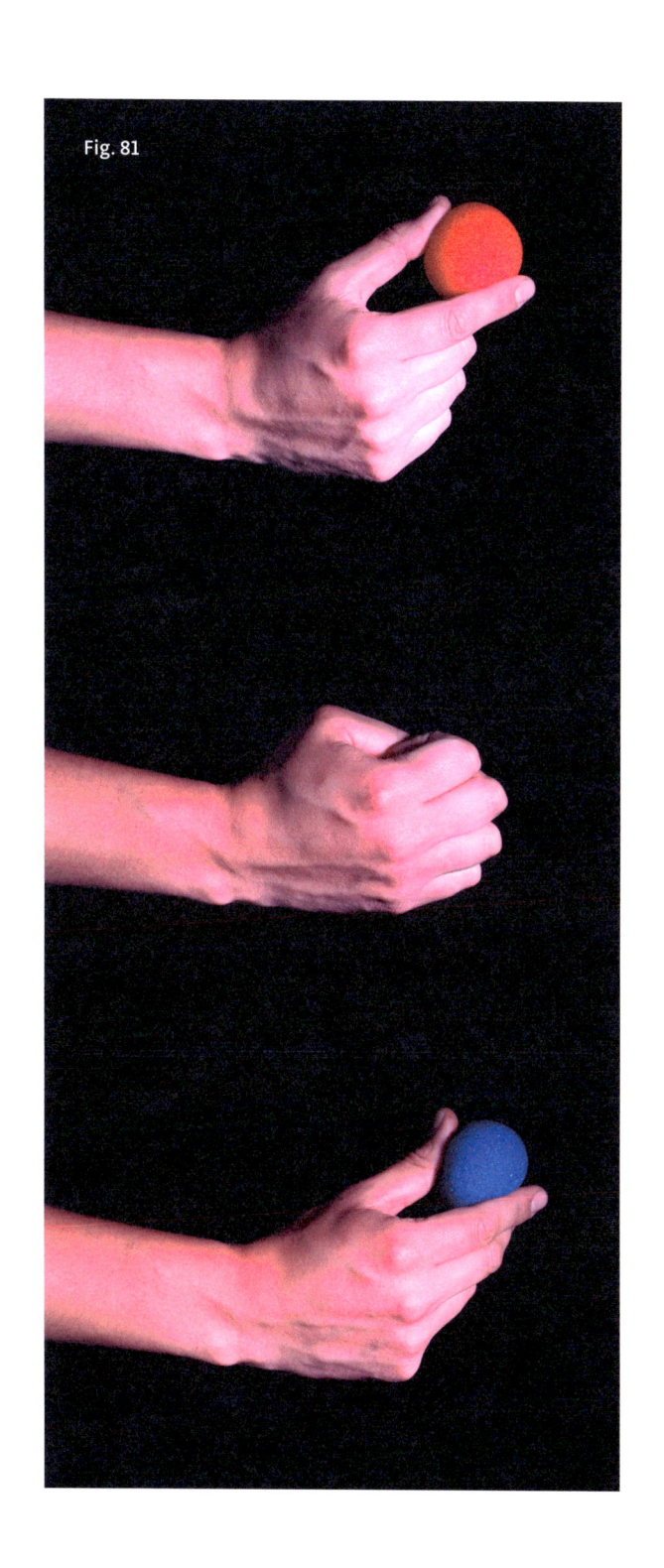

Fig. 82

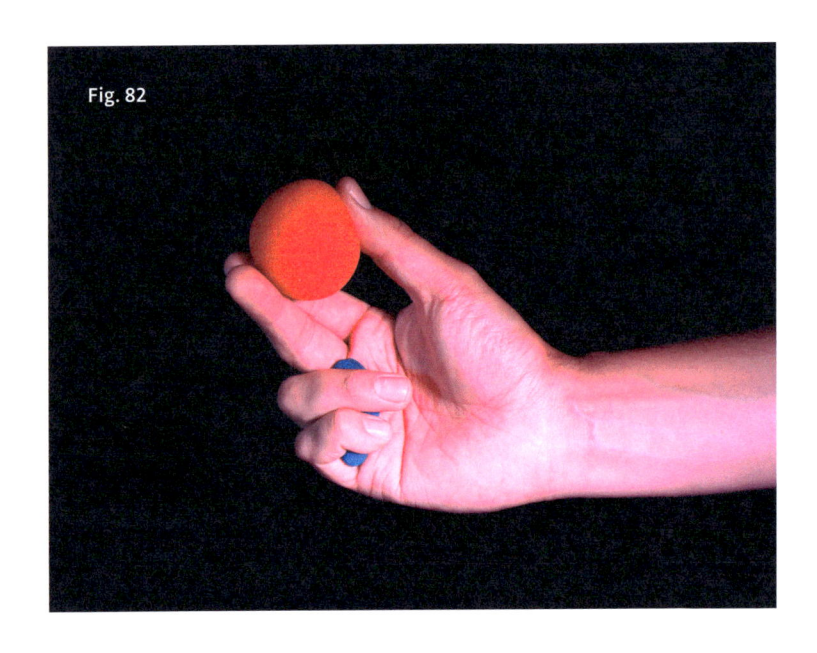

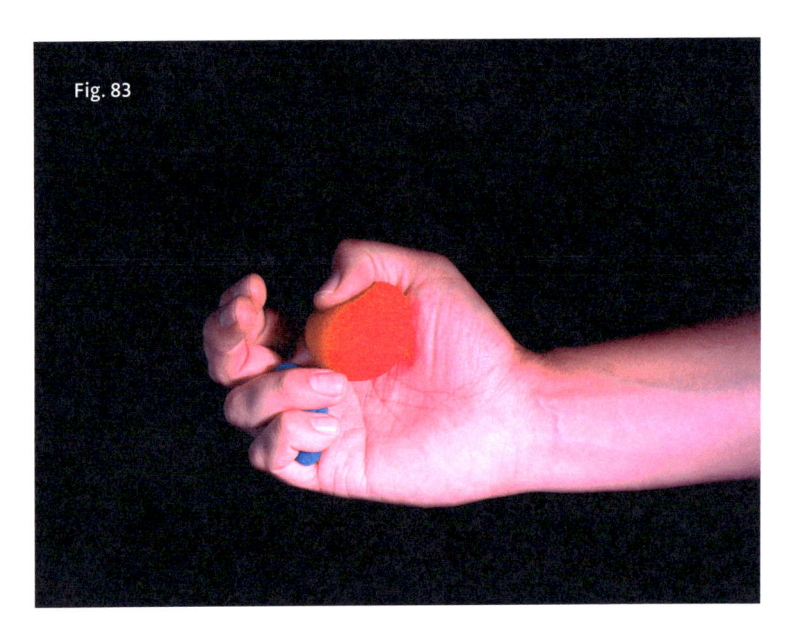

Fig. 83

Fig. 84

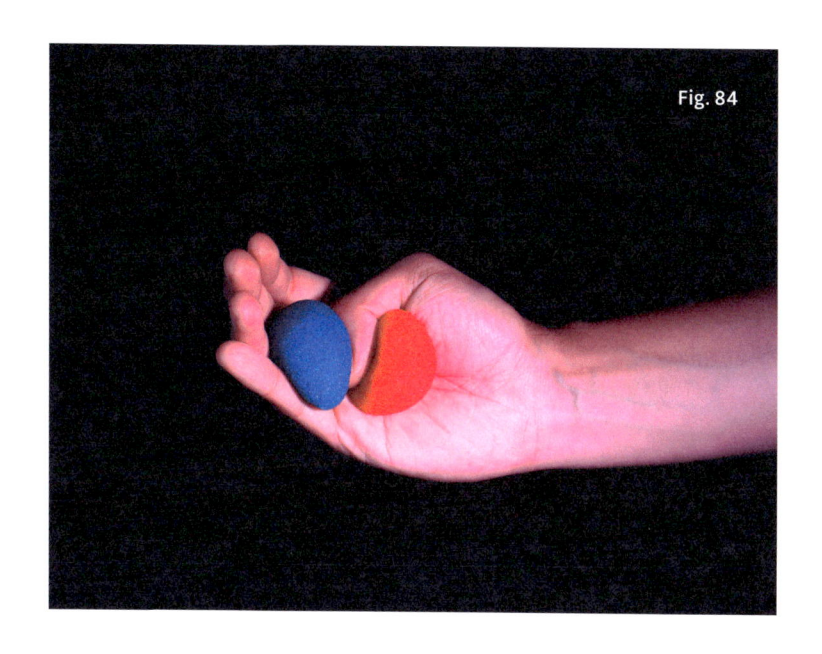

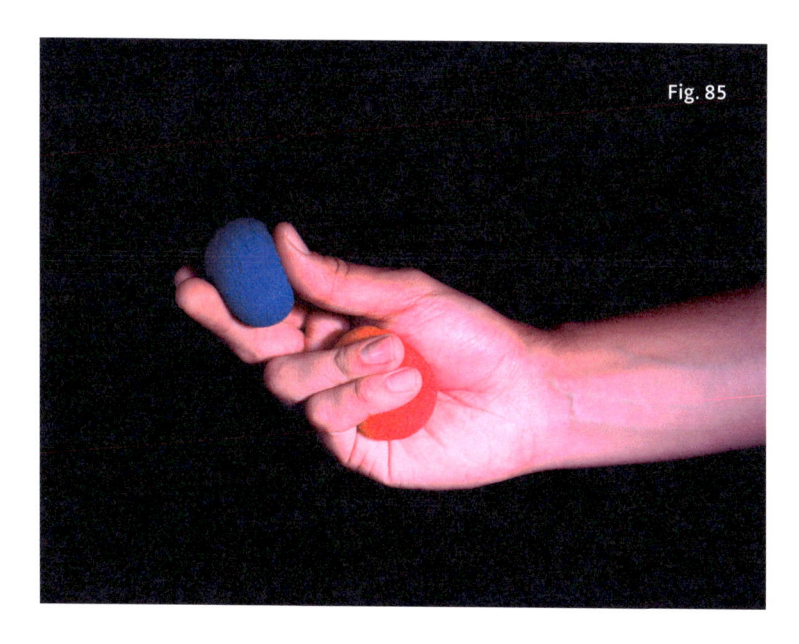

Fig. 85

Técnica 4

Falso depósito de túnel

Con la mano izquierda empuñada, dejando los tres dedos de abajo levemente separados de la palma, ponemos la bola en la orla entre el pulgar y el índice como la posición de volteo de bola/cubo, introduciendo la bola dentro del puño con el dedo medio de la mano derecha. Al momento en que entra en el puño, el pulgar de la mano derecha roba por detrás la bola llevándosela escondida en 'empalme a la italiana'. [Ver fig. 86].

Fig. 86

Técnica 5
GRP

Si has leído este libro completo y llegado hasta este punto recordarás que hace muchos años tuve aquel fatídico verano con sólo una esponja. Buscando distintos manejos tuve la inquietud de ocultar una bola en el dorso de la mano, a mano extendida, como una especie de 'back palm' pero de esponja, similar al empalme de Goshman. En esa experimentación llego a esta técnica que les mostraré a continuación que le llamaremos GRP y que consiste, a grandes rasgos, en pasar una bola de esponja de front palm a back palm con una técnica que dialogue de mejor forma con el elemento, generando una especie de back and front pero específico para bolas de esponja y que se puede utilizar de distintas formas. La gran diferencia con el back and front clásico de cartas, es que en esta técnica, la carta rodea la mano por el extremo más distal de la mano, mientras que el GRP dialoga con la compresibilidad de la esponja haciéndola pasar entremedio de los dedos al mismo tiempo que se pinza.

Esta técnica tiene un poco de ángulo por lo que suelo utilizarla en rutinas más de salón o escenario aunque con el debido cuidado también la utilizo en close up. Antes de ver la utilidad que le doy, paso a explicar la técnica base del GRP.

Comenzamos con la explicación de front a back en la figura 87 y luego en el caso contrario de back a front en la figura 88.

Fig. 87

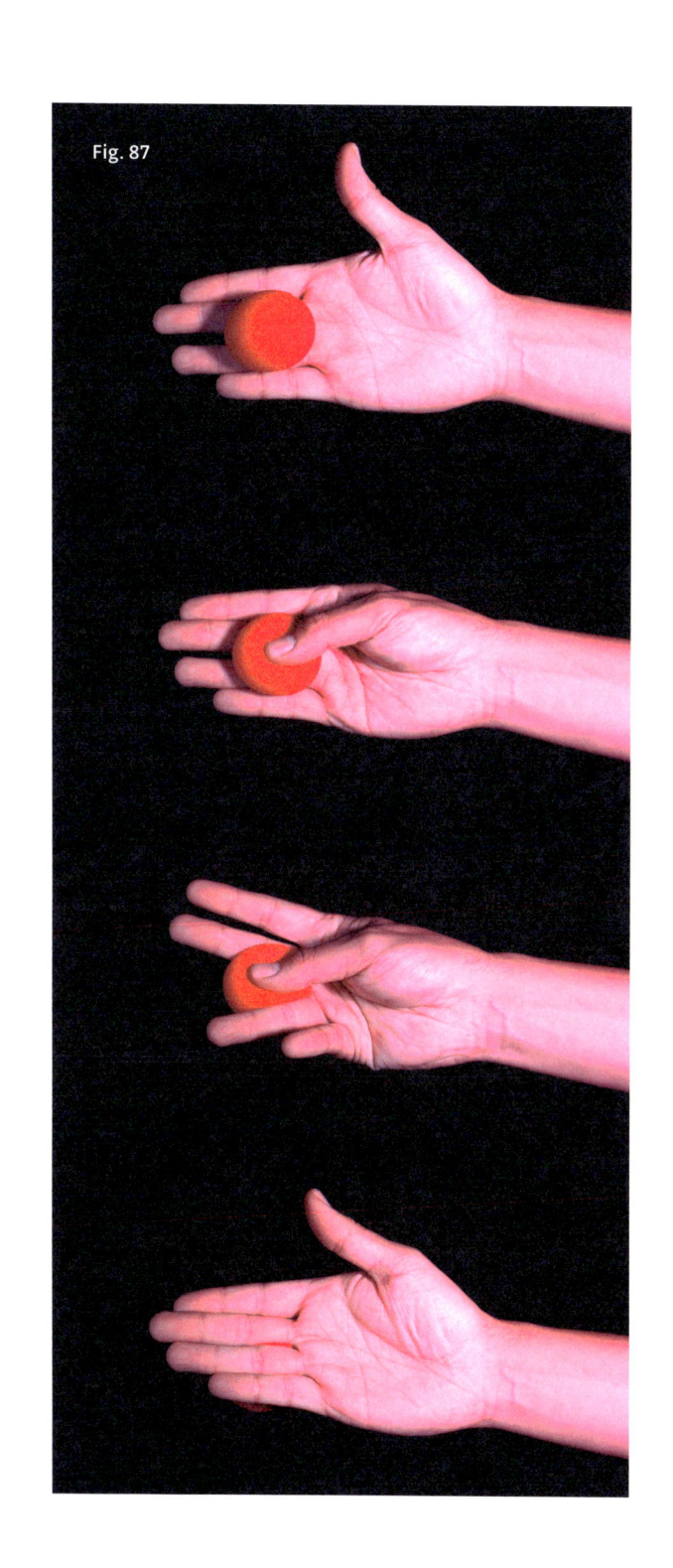

Fig. 88

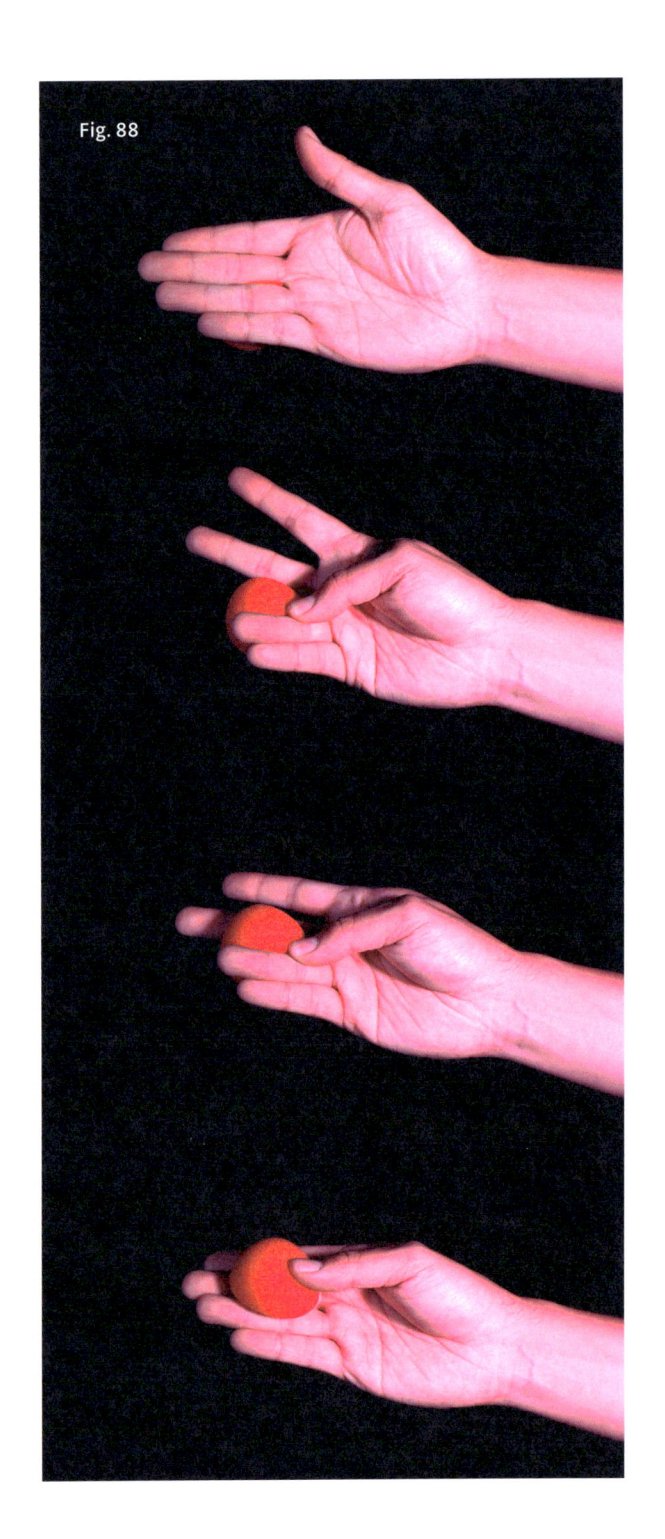

Técnica 6
Producción infinita

La producción infinita utiliza el GRP de front a back como una falsa descarga hacia un sombrero, una caja o una maleta, etc, simulando lanzar una bola dentro del contenedor y por otra parte se realiza una producción que se combina con la recuperación de la bola que hemos simulado lanzar, pero que aún tenemos oculta en la mano.

Esta técnica realizada en bucle nos permite realizar una linda producción infinita propia del formato escenario. [Ver fig. 89 - fig. 93].

Fig. 89

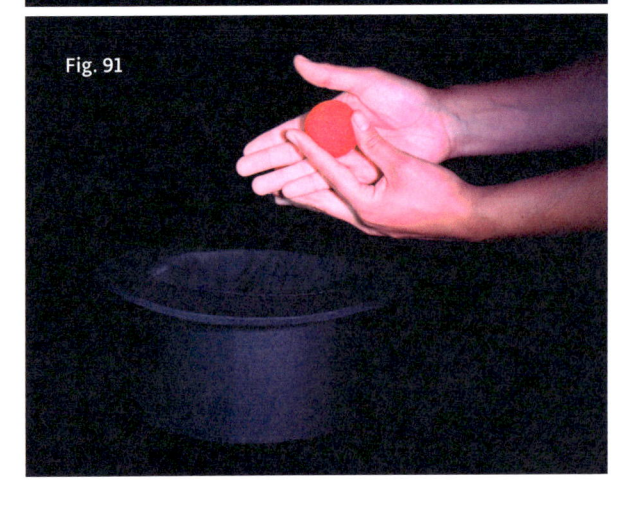

Fig. 90

Fig. 91

Fig. 92

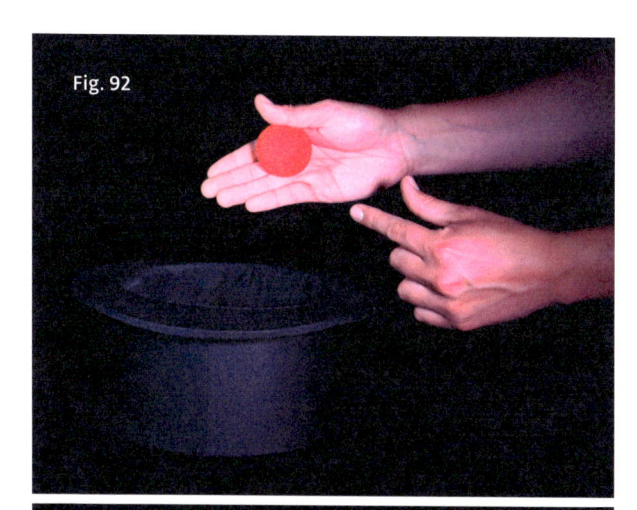

Fig. 93

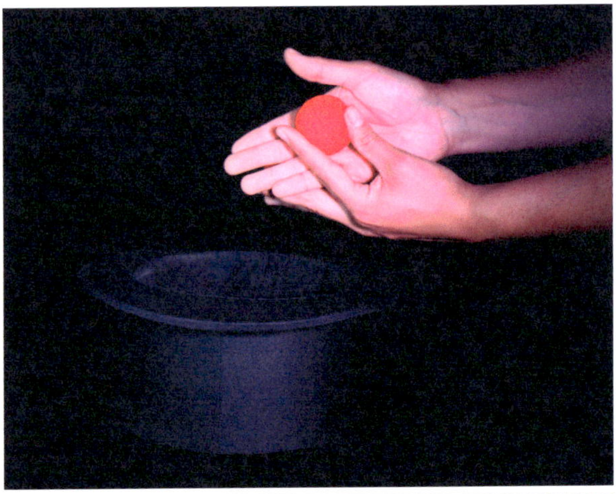

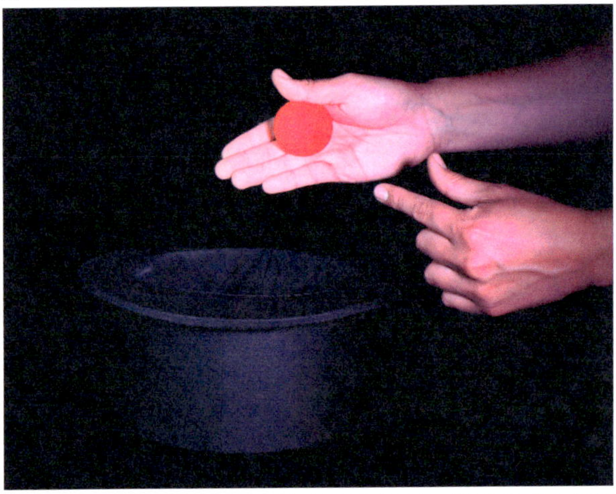

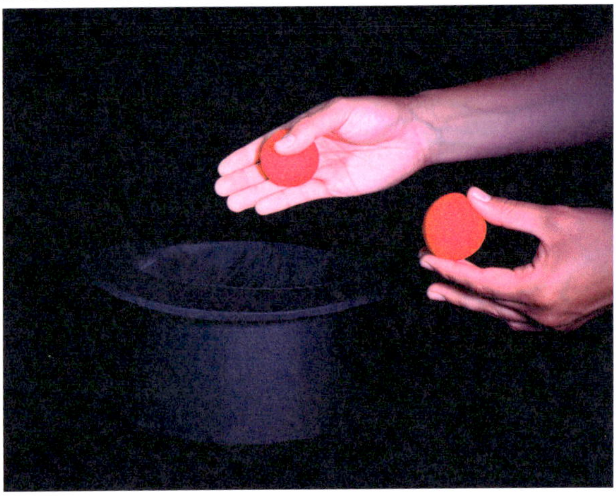

Técnica 7
Back and front de esponja

El GRP como ya hemos visto, tiene dos momentos, en el primer momento, la bola se encuentra pinzada entre los dedos hacia la palma, pasando hacia el dorso y un segundo momento en el cual la bola va a pasar del dorso a la palma. Para el back and front, si bien podemos utilizar ambas técnicas para mostrar palma, dorso y palma, como en el back and front de cartas, he simplificado su uso para solo utilizar la primera parte del GRP y mantener la sensación de que el espectador ha visto tanto el dorso como la palma de la mano.

Para eso solo debemos partir con la bola pinzada hacia la palma y mostrar primero el dorso de la mano. Luego que hemos mostrado el dorso de la mano hacemos la primera parte del GRP, es decir, pasar de la palma al dorso al mismo tiempo que rotamos la mano en el sentido del reloj para mostrar ahora la palma, ya que la bola ha pasado al dorso y en esa misma posición sin volver la bola nuevamente a la palma, realizamos la aparición desde el dorso. [Ver fig. 94, fig. 95].

Fig. 94

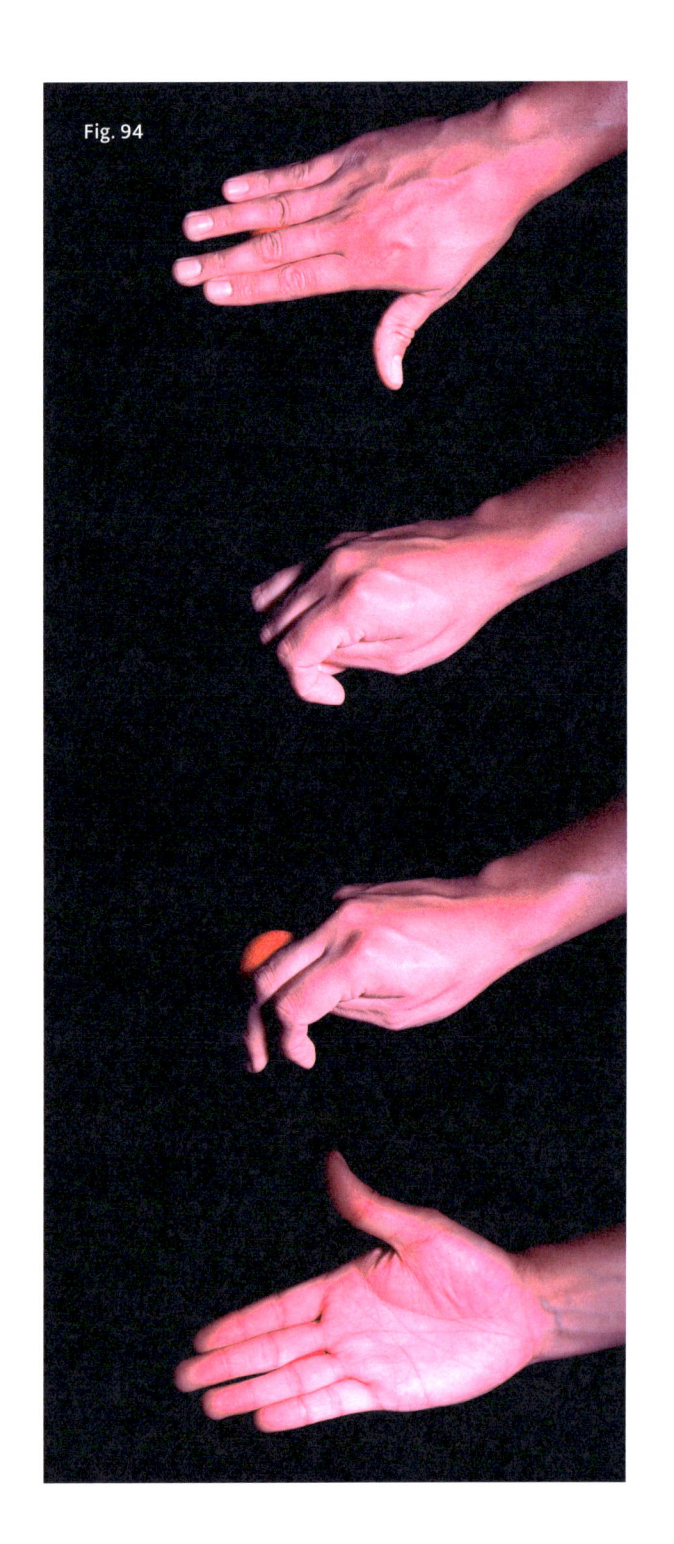

Fig. 95

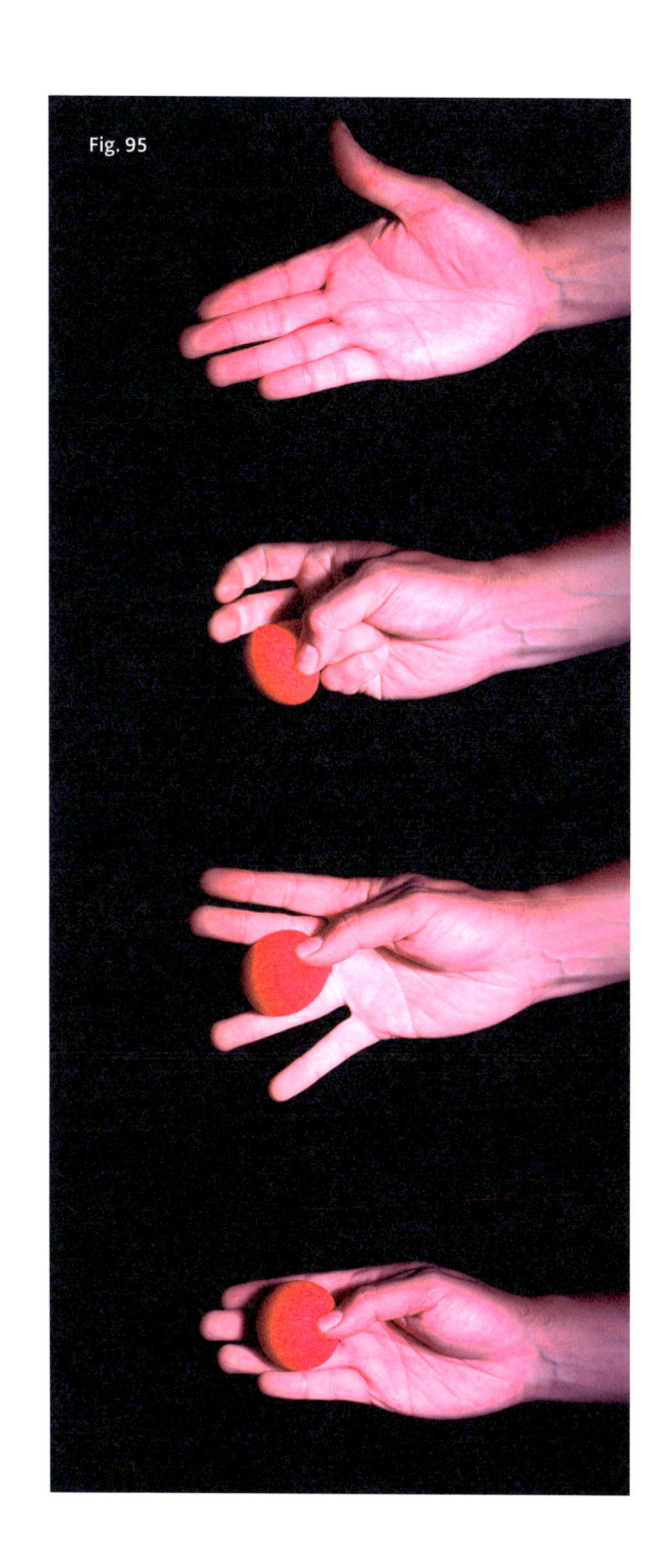

Técnica 8

Pintaje Gascon

Este pintaje si bien es un poco técnico y requiere de entrenamiento, como todas las técnicas de magia, logra un pintaje muy visual a mano abierta casi como si de un gimmick se tratase pero con bolas normales, además es fácilmente combinable con otros pintajes de esponja.

La gracia de este pintaje es que permite hacer un cambio de color visual con tan solo una mano, a mano abierta y sin sospechas de cargas extra. Este pintaje obviamente toma de base la técnica del GRP haciendo al mismo tiempo el pase con una bola de un color del front al back y con otra bola de otro color del back al front.

Estas dos técnicas suavizadas con un leve movimiento de mano logran un pintaje muy visual que explico de mejor manera a continuación. [Ver fig. 96].

Fig. 96

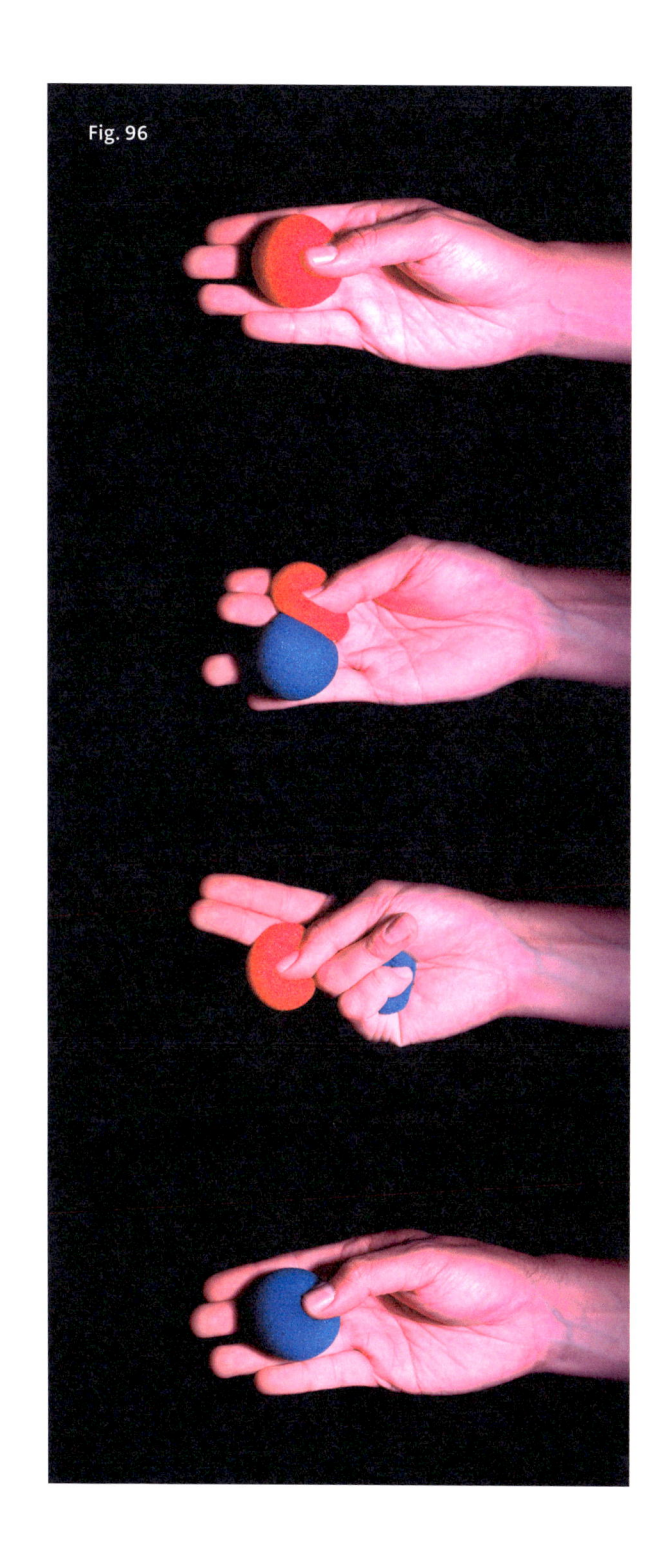

Muestras

En esta parte creo propicio mostrar ciertos manejos para las bolas trucadas ya que es común ver en el uso de objetos trucados movimientos o expresiones corporales poco naturales al tomar el objeto. Es posible muchas veces perder soltura al mentalmente estar más tenso, ya que sabemos que no podemos mostrar todo el elemento como si fuera su par normal, más aún con bolas de esponja trucadas, ya que no frecuentamos utilizarlas tanto. Recordemos además que la soltura que tenemos con las bolas de esponja normales es muy alta ya que como vimos en el primer capítulo, las bolas como objeto tienen una soltura lúdica propia de elemento, entonces pasar de una bola normal que rueda, rebota, pasa de una mano a otra sin preocupación alguna, es lanzada por el aire con soltura y luego, tomar una bola gimmick y tenerla en la mano quieta, estática, intentando moverla lo menos posible para que no se vea el trucaje, genera una sensación poco natural que el espectador puede llegar a percibir.

Es por ello que he decidido hacer una parte especial solo de manejos para recrear esa soltura que debería tener la bola trucada como si no lo fuese.

Antes de comenzar con los manejos, es necesario pactar con fines prácticos, ciertas partes de una bola trucada de volteo.

Primero dividiremos la bola en un corte transversal imaginario dejando una parte frontal que ve el espectador y una parte trasera que ve el mago, en la mitad frontal se ve la cara más alta, esférica de la bola y en la parte trasera se ve el agujero por donde se genera el volteo. También tomaremos el mismo centro de corte transversal de la bola como una tercera parte, entonces tenemos la cara normal que ve el espectador, el eje central, que corresponde a una orla imaginaria y una tercera parte del agujero de trucaje que solo ve el mago. [Ver fig. 97 - fig. 99].

Teniendo esto pactado entre nosotros, vamos con el primeo de los manejos.

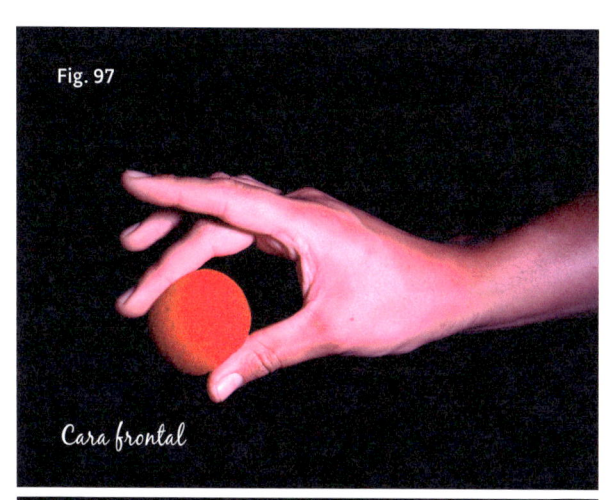

Fig. 97

Cara frontal

Fig. 98

Cara trasera

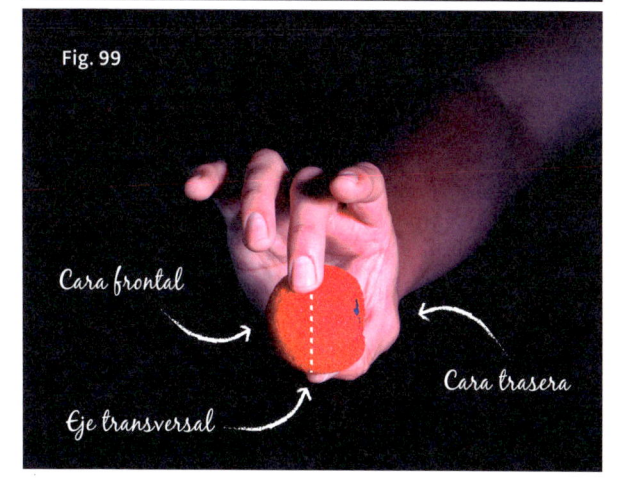

Fig. 99

Cara frontal

Cara trasera

Eje transversal

Muestra 1
Muestra de bola gimmick en el aire

Para la muestra de bola gimmick en el aire situaremos el dedo pulgar, índice y medio en la orla imaginaria del centro de la bola, imaginando como si estuviéramos tomando los cantos de una moneda, para luego generar un movimiento de rotación en ese mismo eje transversal, impulsado por estos tres dedos y ayudado con un pequeño movimiento de muñeca que lanzará esta especie de moneda rotando hacia el aire.

Entonces, este eje de rotación transversal genera que cuando la esponja esté en el aire, se vea rotando y en movimiento pero se conservan las dos mitades de la esponja en su lugar, la cara frontal hacia el público y la cara trasera hacia el mago, dando la sensación al espectador de que acabamos de tirar la bola desinteresadamente en el aire, girando en todas las direcciones. [Ver fig.100].

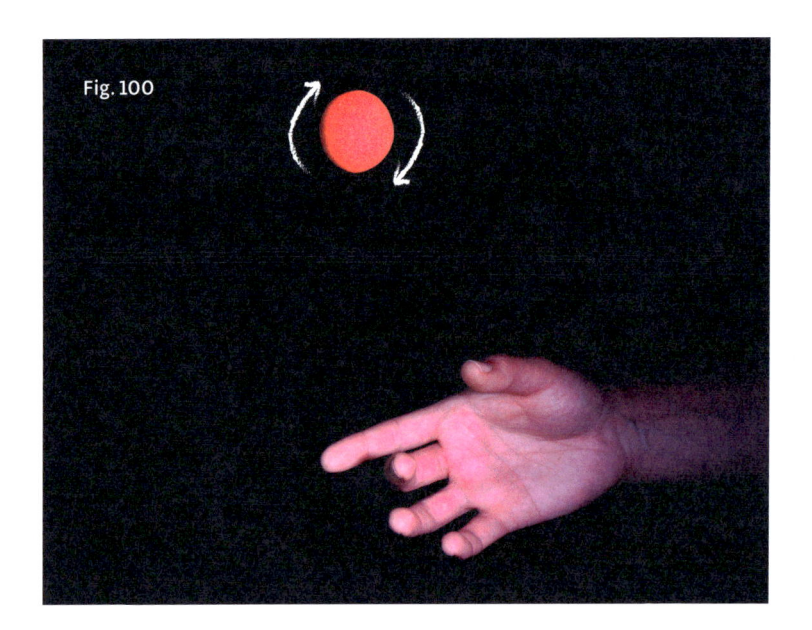

Fig. 100

Muestra 2
Transferencia de una mano a otra

Se toma la esponja por el centro de orla imaginaria con el pulgar arriba y el dedo medio abajo, luego se retrae el dedo medio haciendo girar levemente la esponja, para luego usar el mismo dedo medio que se retrajo, estirándolo fuerte para que la esponja salga disparada con una pequeña rotación siempre en el eje de la orla imaginaria y siempre con una pequeña ayuda de impulso desde la muñeca, para de esta forma lanzar la esponja de una mano a otra y que gracias al giro en la dirección de la orla, la bola conserve su parte frontal hacia el espectador y su parte trasera hacia el mago. [Ver fig. 101].

Fig. 101

Muestra 3

Giros en mesa

Tomamos la esponja con el dedo pulgar, medio y anular, mientras el dedo índice acompaña el movimiento pero no genera ninguna función de agarre y solo con un impulso de muñeca coordinado con la liberación de la bola entre los dedos hacemos rotar la bola siempre con la orla transversal cumpliendo una función de riel para hacer girar la bola sobre la mesa con dirección a nuestra otra mano, tal como si hiciéramos rotar una moneda de borde a través de la mesa solo mostrando la cara normal hacia el espectador y el agujero hacia el mago.

Esta muestra es de mis favoritas ya que la encuentro muy simple y nos brinda la soltura de pasarnos la bola de una mano a otra haciendo un paseo por la mesa. [Ver fig. 102 - fig. 104].

Fig. 102

Fig. 103

Fig. 104

Muestra 4

Giros doble en mesa

    Este giro debemos agradecérselo a mi gran amigo ya nombrado con anterioridad en este libro, Xulio Merino, y consiste en que teniendo en la mano una bola gimmick y una bola normal las posicionamos de tal forma que el pulgar está en el medio por la cara trasera entre la bola gimmick y la bola normal y por delante tenemos el dedo índice en la bola trucada, el dedo medio entre ambas bolas en la cara frontal y el dedo anular en la bola normal, luego rotaremos la muñeca para dejar las bolas en aproximadamente 75 grados (en diagonal hacia la mesa) y en dirección hacia tu otra mano, y aproximadamente a unos dos centímetros de la mesa, soltamos ambas bolas al mismo tiempo con lo cual al caer el rebote de la bola normal, que es la más cercana a la mesa, impulsará a la bola trucada y esta girará a través de la mesa conservando la línea transversal como si de un riel se tratara, con lo cual solo soltando las esponjas, la bola normal permanece bajo la mano de lanzamiento mientras que la trucada llega a encontrarse con la otra mano, para así poder tomar ambas bolas y poder mostrar una en cada mano. [Ver fig. 105, fig. 106].

    Es importante que una vez que se sueltan las esponjas y la bola gimmick esté a punto de llegar a la posición de la otra mano, ambas manos se coordinen y tomen sus respectivas esponjas desde la mesa, generando un movimiento de una soltura y confianza exquisita. [Ver fig. 107, fig. 108].

Fig. 105

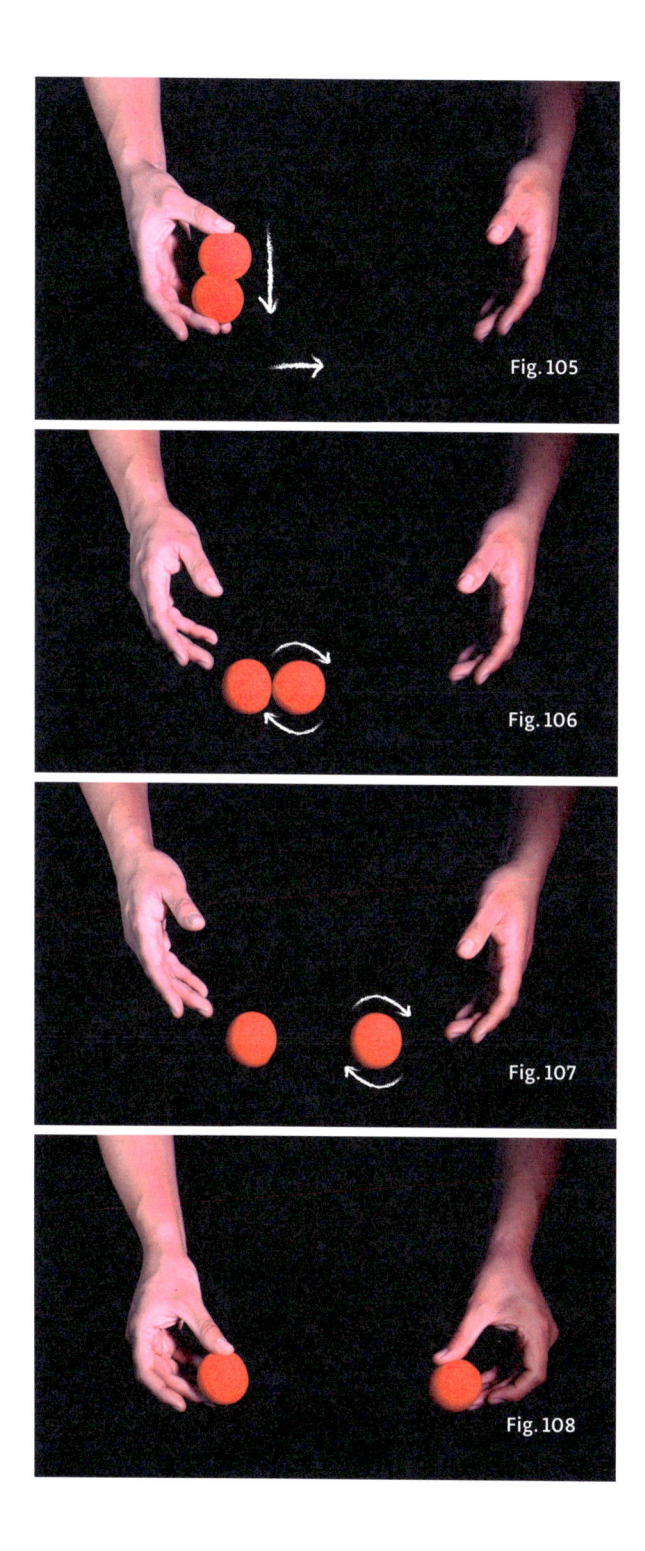

Fig. 106

Fig. 107

Fig. 108

Muestra 5

Posicionamiento en mesa

Uno de los problemas más recurrentes del uso de bolas de volteo es el cómo dejarlas en la mesa sin que se vean extrañas, ya que si bien la forma más segura de dejarlas es con el agujero hacia abajo, debido a que no tiene ningún ángulo lateral en donde se puede ver el agujero porque está en contacto con la mesa, tiene la desventaja de que al dejarla con más bolas se puede percibir una diferencia en la circunferencia ya que la bola normal se ve cien porciento esférica y la bola trucada asemeja un domo. [Ver fig.109].

Es por ello que dentro de mis rutinas cada vez que debo dejar una bola trucada sobre la mesa, la dejo de lado conservando la cara frontal hacia el espectador y la cara trasera hacia el mago, es decir, situada en la mesa en su eje transversal, conservando visualmente su forma de esfera para el espectador.

Esto, lógicamente, tiene pros y contras, el pro es que la esponja se ve como una bola normal y el contra es que al ser una esfera y estar posada en un único punto en contacto con la mesa, puede girar fácilmente hacia delante o hacia atrás, si gira hacia atrás se posa en el agujero y se ve como un domo, y peor aún, si gira hacia delante, deja ver el agujero al espectador.

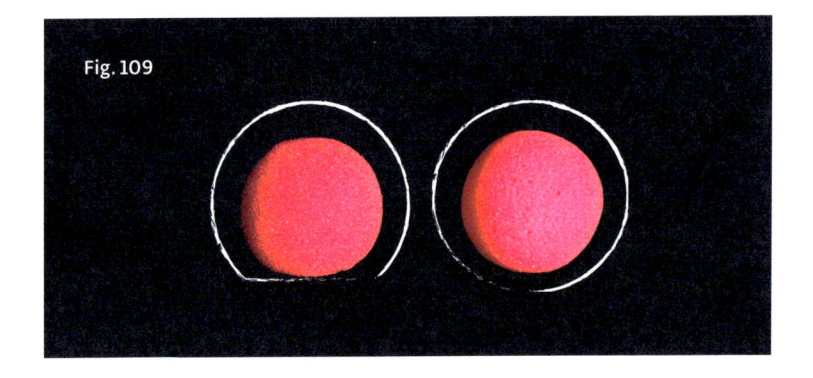

Fig. 109

Con el tiempo y el uso de bolas de volteo, he logrado una soltura que me permite dejar las esponjas equilibradas en su eje transversal sin temor a que giren, sin embargo en ese camino fui dándome cuenta de distintos tips de seguridad para que no se muevan. El más eficaz y con pocos materiales, es si estamos utilizando más bolas en la mesa, podemos dejar la bola trucada en contacto con una bola normal y ese pequeño soporte natural hará que sea más difícil que la bola gire por si sola. [Ver fig. 110].

También ayuda al momento de dejar la bola sobre la mesa aplastarla y soltarla levemente para que la bola se achate un poco y mantenga su posición. [Ver fig. 111].

Por último las soluciones más prácticas y de las que más utilizo, es el usar algunos soportes para bolas de esponja: Un poco de cinta doble contacto en la mesa o un pequeño velcro sobre el tapete o los soportes para esponja que comercializo, que aparte de evitar que giren en los momentos que no queremos que esto pase, también levanta y despega de la mesa las bolas y eso le da un poco más de realce al objeto y un poco más de verticalidad. [Ver fig. 112].

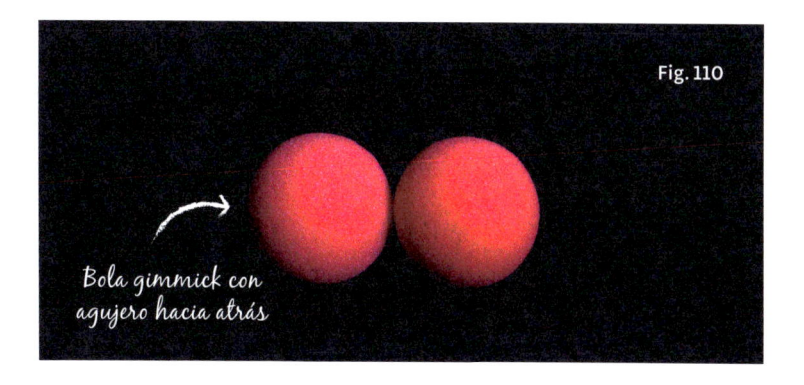

Fig. 110

Bola gimmick con agujero hacia atrás

Fig. 111

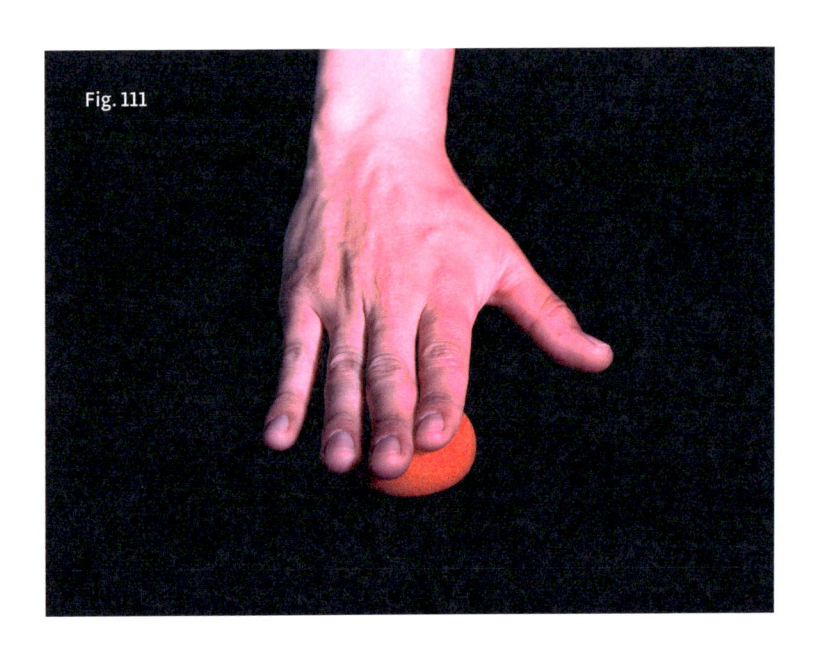

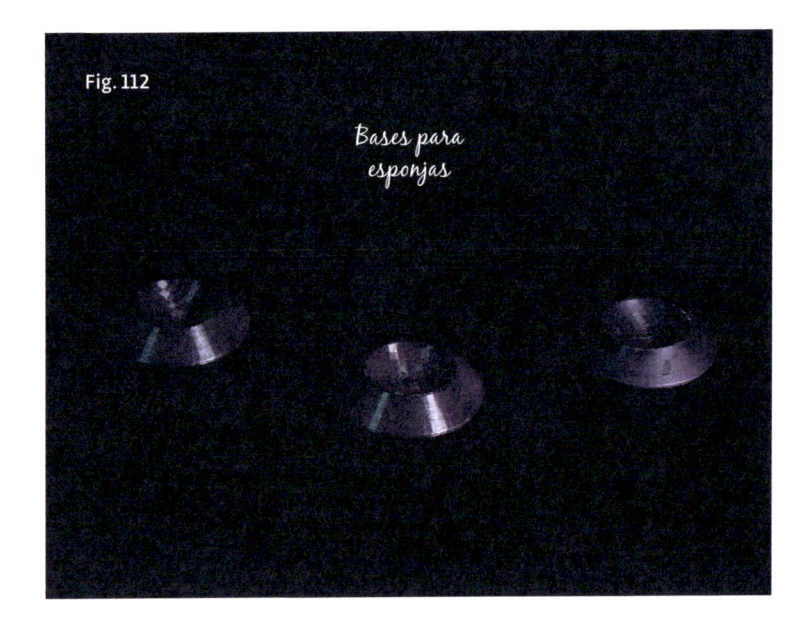

Fig. 112

Bases para esponjas

Muestra 6
Muestra en mano del mago

La muestra en mano del mago es mi muestra favorita ya que ¿cómo podría un mago tener una bola en la mano y no juguetear con ellas? Es por ello que cada vez que toco una bola gimmick, intento juguetear de forma sutil y desinteresada dialogando con lo lúdico del elemento.

Mi muestra favorita y la que creo que convence más a quien lo ve es el giro entre ambas manos, para ello, con la mano derecha palma arriba, posicionamos la bola gimmick entre el dedo índice y anular a la altura de la segunda falange y sobre la bola aprisionamos la misma con el pulgar, esta es la fase inicial del giro. [Ver fig. 113].

Ahora, reemplazaremos el pulgar con el índice y medio de la mano izquierda con la palma hacia arriba también en el espacio de la segunda falange. Ahora, la mano derecha va a avanzar rotando la bola alrededor de la mano izquierda, generando que el agujero, que está mirando hacia el mago, primero al rotar queda en contacto con los dedos medios y anular de la mano derecha y al rotar, el agujero se proyecta hacia el público pero tapado por el dorso de la mano derecha, para luego volver a mostrarse hacia el mago una vez que llega a posicionarse en la palma izquierda.

Fig. 113

Muestra 7
Revisión en la mano del espectador

Para generar este manejo primero necesitamos una bola azul normal, una bola gimmick azul/roja y una bola roja normal. Tomamos la bola azul y la metemos dentro de la bola gimmick por el lado rojo, dejando la bola gimmick por el lado azul, quedándonos además, la bola roja normal. Teniendo las dos bolas en la mano, le damos a revisar al espectador la bola roja normal y preparamos el volteo a una mano, cuando el espectador termina de revisar la bola roja y nos la devuelve, acercamos la bola roja a la bola gimmick y generamos el volteo a una mano, dejando la bola roja normal esta vez dentro del gimmick y liberando la bola azul, para dar a revisar ahora la segunda bola normal.

Lo que acaba de ver el espectador es que le diste revisar la bola roja y después la bola azul, sin embargo ya tenemos preparada en nuestras manos una carga y una bola gimmick que usaremos libremente en nuestras rutinas. [Ver fig. 114, fig. 117].

Fig. 114

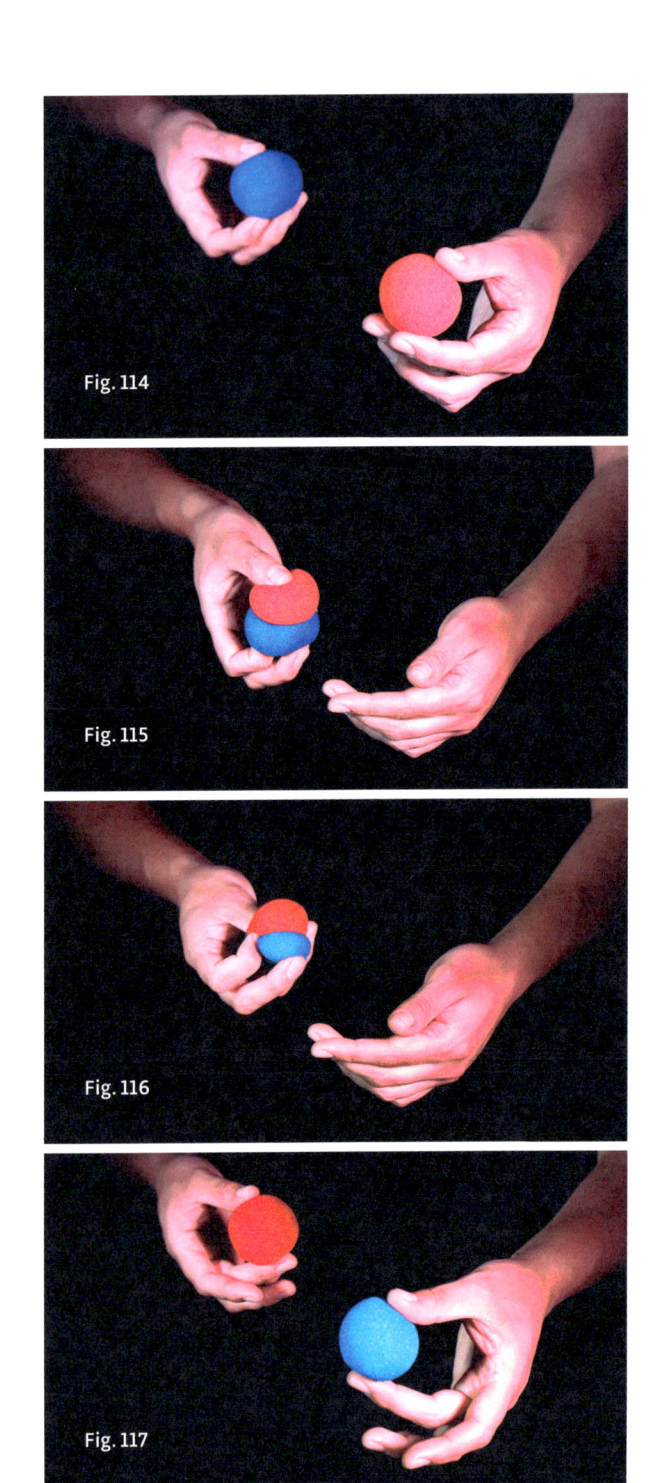

Fig. 115

Fig. 116

Fig. 117